Arnulf von Scheliha / Hinnerk Wißmann

Religionsunterricht 4.0

Arnulf von Scheliha / Hinnerk Wißmann

Religionsunterricht 4.0

Eine religionspolitische Erörterung
in rechtswissenschaftlicher
und ethischer Perspektive

Mohr Siebeck

Arnulf von Scheliha, geb. 1961; Studium der Ev. Theologie, Geschichtswissenschaft und Philosophie; 1991 Promotion und Ordination zum Amt der Kirche; 1997 Habilitation; Professor für Theologische Ethik (W3) an der Evangelisch-Theologischen Fakultät der Universität Münster und Direktor des Instituts für Ethik und angrenzende Sozialwissenschaften (IfES) und Principal Investigator am Exzellenzcluster „Religion und Politik".
orcid.org/0000-0002-3792-2557

Hinnerk Wißmann, geb. 1971; Studium der Rechtswissenschaften; 2001 Promotion; 2002 Referendariat am OLG Celle; 2007 Habilitation; Inhaber des Lehrstuhls für Öffentliches Recht, Verwaltungswissenschaften, Kultur- und Religionsverfassungsrecht an der WWU Münster.

Eine Kurzfassung der gesetzlichen Regelungen zum Religionsunterricht in den 16 Bundesländern wird als digitales Zusatzmaterial zur Verfügung gestellt. Diese kann auf mohrsiebeck.com/9783161636622 unter Zusatzmaterial abgerufen werden, oder über DOI 10.1628/978-3-16-163662-2-appendix.

Die Publikation wurde durch die Übernahme der Druckkosten im Rahmen des Exzellenzclusters „Religion und Politik" an der Universität Münster ermöglicht.

ISBN 978-3-16-163661-5 / eISBN 978-3-16-163662-2
DOI 10.1628/978-3-16-163662-2

Die Deutsche Nationalbibliothek verzeichnet diese Publikation in der Deutschen Nationalbibliographie; detaillierte bibliographische Daten sind über *https://dnb.dnb.de* abrufbar.

© 2024 Mohr Siebeck Tübingen. www.mohrsiebeck.com

Das Werk einschließlich aller seiner Teile ist urheberrechtlich geschützt. Jede Verwertung außerhalb der engen Grenzen des Urheberrechtsgesetzes ist ohne Zustimmung des Verlags unzulässig und strafbar. Das gilt insbesondere für die Verbreitung, Vervielfältigung, Übersetzung und die Einspeicherung und Verarbeitung in elektronischen Systemen.

Das Buch wurde von Martin Fischer aus der Stempel Garamond gesetzt.

Printed in Germany.

Vorwort

Die Dinge in Sachen Religionsunterricht sind in Bewegung. Diese Beobachtung ist kaum zu bestreiten angesichts der dynamischen Veränderungen, die in Deutschland auf der praktischen Ebene festzustellen sind: Neben den gewohnten konfessionellen Unterricht (und seine bereits sehr heterogene Praxis) sind in den letzten Jahren Islamunterricht, konfessionell-kooperativer Religionsunterricht, gemeinchristlicher Unterricht, interreligiöser Unterricht und staatliche Religionskunde getreten, das alles bei großer regionaler Vielfalt und breiter publizistischer und wissenschaftlicher Begleitung. Trotzdem kann man mit guten Gründen fragen, ob es sich wirklich um ein Thema handelt, das noch größere Aufmerksamkeit verdient – vielleicht erledigt sich das überkommene deutsche Kooperationsmodell auch in Sachen Religionsunterricht gerade einfach in zunehmender Geschwindigkeit, so dass hier nur noch eine plural getönte Verfallsgeschichte zu erzählen ist? Dann wäre „Bewegung" nur eine Chiffre für äußerliche Unruhe und inneren Substanzverlust.

Wie die Sache sich entwickeln wird, können auch die Autoren dieses Buchs nicht vorhersagen. Sie gehen allerdings von folgenden Grundüberlegungen aus: Der Religionsunterricht, diese gemeinsame Unternehmung von Staat und Religionsgemeinschaften, repräsentiert die deutsche Eigenart im Umgang mit der Religion in exemplarischer Deutlichkeit. Dazu zählt die historisch gewachsene Vermutung, Religion könne für den Einzelnen wichtig und zugleich für das Gemeinwohl förderlich sein, und dazu zählen die daraus abgeleiteten besonderen Rechte für

Religionsgemeinschaften, die in die Breite wie in die Tiefe gehen; dies alles gilt prinzipiell nicht auf eine Staats- oder Mehrheitsreligion begrenzt, sondern als offenes System für grundsätzlich jede religiöse Überzeugung. Weiterhin kann auch festgestellt werden: Zum Religionsunterricht gibt es unter den deutschen Bedingungen schlicht eine „Jedermann-Erfahrung", bewusst oder unbewusst, als autobiographische Frage der Zustimmung, Teilhabe oder Ablehnung in jeder einzelnen Schulbiographie, als Herausforderung für Staat wie Gesellschaft, gerade in demographischen Umbrüchen. Daher meinen wir: Im Religionsunterricht kristallisieren sich die gegenwärtigen Herausforderungen der Religionspolitik in besonders klarer Weise heraus.

Der nachfolgende Essay versteht sich als wissenschaftlicher Beitrag zu dieser Religionspolitik. Dabei ist unser Blick hier nicht nach außen, auf den internationalen Vergleich gerichtet, sondern auf die Fundamente, auf die das sehr besondere deutsche Modell des Religionsunterrichts gebaut ist. Wir rekapitulieren zunächst in knapper Form die gegebene Sachlage, wie sie sich historisch, theologisch, pädagogisch und rechtlich entwickelt hat. Im Mittelpunkt stehen dann die Begründungslinien, die von unterschiedlichen Disziplinen für die Gestaltung des Religionsunterrichts formuliert werden. Aus der Synthese dieser Grundargumente, ihren Differenzen und ihren Übereinstimmungen lässt sich die Debatte, so möchten wir behaupten, mit nochmals verbesserter Tiefenschärfe führen. Es geht im Folgenden nicht darum, ein bestimmtes Modell von Religionsunterricht zu verteidigen oder ein neuartiges Projekt durchzusetzen. Aber es soll der Korridor bestimmt werden, in dem Entscheidungen zum Religionsunterricht in verantwortlicher Weise getroffen werden können. Die Verfasser verbindet die optimistische Grundannahme, dass es – einerseits – nicht nur eine einzige zulässige Gestaltungsform für diesen Unterricht gibt (weshalb der Religionspolitik auch im Feld des Religionsunterrichts Entscheidungsspielräume zukommen), dass aber – andererseits – sehr wohl unterschieden werden kann, wo eine modelltreue Gestaltung auch aufhört. Die eigentliche Substanz der religionspolitischen Dinge erschließt sich erst im interdisziplinären Gespräch. Daher wird dieser Text als gemeinsamer Beitrag vorgelegt.

Inhaltsverzeichnis

Vorwort V

I. Einleitung: Der schulische Religionsunterricht auf der Schnittstelle von Religion und Politik. Trends und Gegentrends in der Religionspolitik der Gegenwart 1
   1. Religionsunterricht – ein spezieller Normalfall der Religionspolitik 1
   2. Seitenpfade 4
   3. Motivlagen 7
   4. These und Perspektive: Vielfalt – Freiheit – Bindung 11

II. Bestandsaufnahme: Zur Situation des Religionsunterrichts in Deutschland 13
   1. Ausgangsbedingungen: Religionsunterricht als besonders gesichertes Schulfach 13
   2. Die tatsächliche Lage des Religionsunterrichts – Parameter und Modellbildung 15

III. Begründungslinien in Sachen Religionsunterricht 35
   1. Die religionsverfassungsrechtliche Begründung. Religionsunterricht als statisches Modell? 35
   2. Die kulturstaatliche Begründung: Staatsethische ‚Zivilreligion'? 47

3. Die dialektische Spannung von allgemeiner
   Schulpflicht und Religionsfreiheit. Religion
   als Identitätsstifter? 61
4. Die religionstheoretische Begründung. Religion
   als anthropologische Konstante? 66
5. Die bildungs- und sozialisationstheoretische
   Begründung. Religion als Teil der Bildung? 74
6. Die Begründungen der Religionsgemeinschaften.
   Keine Verkündigung? 83
7. Gegenkonzepte 94
8. Ergebnis 105

IV. Religionspolitische Perspektiven zur
    Weiterentwicklung des Religionsunterrichts 107
  1. Religionsunterricht als Gegenstand von
     Religionspolitik – zu Akteuren und Instrumenten .. 107
  2. Modellierung: Nebeneinander oder Integration 120
  3. Insbesondere: Vor und neben dem
     Religionsunterricht – Studium und Fortbildung 132
  4. Schlussüberlegung: Die religionspolitische
     Weiterentwicklung des Religionsunterrichts
     als Vorgabe und Aufgabe 138

Endnoten 144

Literaturverzeichnis 173

I. Einleitung: Der schulische Religionsunterricht auf der Schnittstelle von Religion und Politik. Trends und Gegentrends in der Religionspolitik der Gegenwart

1. Religionsunterricht – ein spezieller Normalfall der Religionspolitik

Der Religionsunterricht bildet seit jeher ein Zentrum, wenn es in Deutschland um Religion geht: Schon seit der frühen Neuzeit ist die religiöse Unterweisung ein Mittelpunkt der Schule im Land von Reformation und Gegenreformation. Im Zuge der zunehmenden Differenzierung von Staat und Kirchen im 19. Jahrhundert bildet der konfessionelle Unterricht ein wichtiges Bindeglied zwischen weltlicher und geistlicher Ordnung des Gemeinwesens. Und nach der Zeitenwende von 1918 wird der Religionsunterricht, der als „ordentliches Unterrichtsfach" in staatlicher Organisation und inhaltlich „in Übereinstimmung mit den Grundsätzen der Religionsgemeinschaften" stattfindet, zum Kulminationspunkt der friedlichen Verständigung der Weimarer Demokraten. Nach dem Scheitern dieser ersten deutschen Demokratie und dem Abgrund des Nationalsozialismus wird unter neuen Vorzeichen nach 1945 die Weimarer Formel durch das Grundgesetz weitergeführt. Daran orientierten sich dann auch die Debatten nach 1990 in den „jungen" Bundesländern, und daran orientiert sich in der Gegenwart die Debatte um den islamischen Religionsunterricht. Im Ergebnis steht der Religionsunterricht seit über 100 Jahren im Rang eines stabilen, kaum noch veränderten Verfassungsrechtsguts.

Zugleich ist diese äußere Kontinuität zu keinem Zeitpunkt mit einem Stillstand der Entwicklung zu verwechseln gewesen. Immer wieder wurde von wechselnden Akteuren in je neuen Konstellationen um die Umsetzung gerungen, über die einzuschlagende Richtung debattiert und Alternativen erwogen. Zum Reichtum dieser politischen Debatten auf der Schnittstelle von Religion und Politik gehört, dass beständig sowohl pragmatische als auch gelegentlich konzeptionell unterfütterte Abzweigungen ermöglicht und Nebenlinien gezogen wurden. Der Pfad „Religionsunterricht" ist also eingebettet in einen teils offen geführten, teils eher subkutan wirksamen religionspolitischen Diskurs, der in der letzten Dekade angesichts zunehmender Säkularisierung und Pluralisierung der deutschen Religionskultur erneut aufflammt.

Schon die Bestimmungen der Weimarer Reichsverfassung verdanken sich einem politischen Kompromiss zwischen der laizistisch gesinnten Sozialdemokratie und der römisch-katholisch geprägten Deutschen Zentrumspartei, die ihn in einer kurzen Zeitspanne, in der nur diese Parteien gemeinsam die Reichsregierung bildeten, geschlossen und politisch durchgesetzt haben.[1] Unter anderen Vorzeichen wurde dieser religionspolitische Kompromiss im Parlamentarischen Rat 1949 neu aufgelegt.[2] Aber Verfassungsbestimmungen bilden nicht ohne Weiteres die Realität ab. Ihre Interpretation und Umsetzung verdanken sich gesellschaftlicher Bedürfnislagen, religionspolitischer Initiative, kreativer Gestaltung und administrativer Umsetzung, die gelegentlich auch ausbleiben. So scheiterten in der Weimarer Zeit drei Versuche, ein Reichsschulgesetz zu beschließen: Die eigentlich durch die Verfassung vorgesehene Gemeinschaftsschule aller Konfessionen blieb die Ausnahme, die staatliche Bekenntnisschule weithin die Regel, so dass das Verhältnis von Religion und Schule während der ersten deutschen Republik politisch letztlich nicht allgemein gelöst wurde.³ In der Bundesrepublik Deutschland ist Schulpolitik Sache der Länder, die dabei erheblichen Gestaltungsspielraum haben, allerdings nun gerade den Religionsunterricht gewährleisten müssen. Ein Gestaltungsspielraum besteht dann aber etwa bereits bei der Kooperation mit den verschiedenen Religionsgemeinschaften bei der Organisation des Religionsunterrichts. Zunächst hatte man politisch vor allem die christlichen Kirchen im Blick und daher fokussierte man – trotz offener Vorgaben der Verfassung – bei der Umsetzung während der Weimarer Zeit und in der ‚alten' Bundesrepublik Deutschland lange Zeit fast ausschließlich den evangelischen und römisch-katholischen Religionsunterricht.⁴ Während der Weimarer Zeit war das Thema „jüdischer Religionsunterricht" in den rechtswissenschaftlichen Debatten um die Auslegung von Art. 149 WRV kaum präsent. Als ordentliches Lehrfach wurde er an den Schulen nicht erteilt, vielmehr von den Synagogen-Gemeinden angeboten, die dafür auf Antrag gelegentlich staatliche Zuschüsse erhielten. Faktisch fanden die Ansprüche der jüdischen Gemeinden kaum Gehör bei den staatlichen Ebenen.⁵ Das änderte sich erst nach 1949, in kleinen Schritten, die den mühsamen Glücksfall der Rückkehr des Judentums nach Deutschland widerspiegeln. In der Bundesrepublik griff man politisch dann vor allem nach 2010 die schon seit den 1990er Jahren diskutierte Idee eines islamischen Religionsunterrichts auf; bis in die Gegenwart ein regulativer Sonderfall, bei dem gleichsam die Systemvoraussetzungen des deutschen Religionsverfassungsrechts aufgerufen werden.⁶

Das alles zeigt: Bei der Gestaltung des konfessionellen Religionsunterrichts sind komplexe Arrangements zu beachten. Individuelle Ansprüche aus der Bürgerschaft treffen mit gerichtsbestimmten Anforderungen und politischem Gestaltungswillen zusammen. Ob mit Blick auf die Entwicklung des christlichen Religionsunterrichts oder mit Blick auf die Einrichtung eines islamischen Unterrichts lässt sich eines sicher sagen: Die Lektüre des Verfassungstextes und ihre Auslegung reicht nicht aus. Vielmehr ist zu fragen, welchen Akteuren welche Gestaltungsspielräume und welche Rechte zukommen. Die Wahrnehmung dieser Rechte, zu denen auch Kontrollrechte gehören, ist dabei gebunden an politische Konstellationen, die wiederum gesellschaftliche Dynamiken spiegeln und aufgreifen. Das gilt nicht nur für die Ausgestaltung des Verfassungsrahmens, sondern auch für Seitenpfade, die von der Verfassung jedenfalls nicht ausgeschlossen werden.

2. Seitenpfade

Die Wirksamkeit politischer Willensbildung gilt schon für die Veränderungen des „klassischen" Religionsunterrichts, und umso mehr für die Bewirtschaftung der Seitenpfade. Da ist zum einen die Einrichtung von Bekenntnisschulen, zum Teil (in NRW) noch als staatliche Schule, sonst vor allem in der verfassungsrechtlich geschützten Form von Schulen in privater Trägerschaft. Hier wird das religiöse Profil der Schule auf das gesamte Schulleben übertragen, der Religionsunterricht kann (jedenfalls theoretisch) – historisch: wieder – die Mitte des Schullebens repräsentieren. Da ist zum anderen die bekenntnisfreie Schule, in der gar kein Religionsunterricht stattfindet. Ein ebenfalls vom Grundgesetz vorgesehener Weg ist die sog. „Bremer Klausel" nach Art. 141 GG, die Ausnahmen von Art. 7 Abs. 3 GG vorsieht und in den Ländern Bremen, Brandenburg und Berlin zu jeweils sehr unterschiedlichen Formen des Religionsunterrichts führt – Laboratorien sehr spezifischer religionspolitischer Entscheidungen. Dies zeigt sich exemplarisch an den sehr breiten Diskussionen um die Einführung des Faches LER in Brandenburg Anfang der 1990er Jahre. Spektakulär war auch der in Berlin 2009 gescheiterte Volksentscheid, mit dem die zivilgesellschaftliche Bewegung „Pro Reli" – mit Unterstützung der Kirchen – auf die Einführung eines konfessionellen Religionsunterrichts als ordentliches Lehrfach zielte.

Die Einführung des islamischen Religionsunterrichts nach Art. 7 Abs. 3 GG stellt nach wie vor eine zentrale Herausforderung dar, weil es um eine große Bevölkerungsgruppe geht und zugleich um offensichtliche Fragen von Identität und Integration. Sowohl der Unterricht selbst wie die ihn vorbereitenden und begleitenden Einrichtungen der Lehrerbildung an einigen Universitäten sind nach wie vor ein Experiment, an dem sich die Bundesländer in unterschiedlicher Weise beteiligen. Es ist mit erheblichem Aufwand verbunden, der finanzielle, wissenschafts- und schulorganisatorische sowie religionsrechtliche Dimensionen hat und diverse Probleme aufwirft, die zur Stunde auch nicht gelöst sind. Dabei beschreiten die Bundesländer Niedersachsen, Nordrhein-Westfalen, Hessen, Bayern und Baden-Württemberg, die hier federführend sind, im Detail unterschiedliche Wege. Hessen und Bayern haben die Einführung einen „konfessionellen" islamischen Religionsunterrichts wieder gestoppt. In NRW wurde der langjährige Weg eines (staatlich mitbestimmten) Beirats zuletzt durch eine offenere Vertragslösung ersetzt, die – jedenfalls im Modell – durch eine Kommission eine breitere Beteiligung islamischer Organisationen ermöglichen soll.[7]

Religionspolitisch initiierte Veränderungen sind aber auch in engerem Rahmen zu registrieren. Kleinere Religionsgemeinschaften, wie orthodoxe Kirchen oder die mennonitische Kirche, bieten in einigen Bundesländern konfessionellen Religionsunterricht an. Evangelische Kirchen und römisch-katholische Diözesen hatten sich in Niedersachsen und Baden-Württemberg schon vor geraumer Zeit auf das Modell eines konfessionell-kooperativen Religionsunterrichts („kokoRU") verständigt, das in diesen Ländern als regulärer Fall von konfessionellem Religionsunterricht angesehen wird.[8] Auf der Schwelle steht inzwischen der Christliche Religionsunterricht (CRU), dessen für das Schuljahr

2025/26 geplante Einführung in Niedersachsen von den Kirchen energisch betrieben wird.[9] Diese Fälle der innerchristlichen Entwicklung sind typischerweise nach wie vor ein inner- oder zwischenkirchlicher Vorgang, an dem die staatliche Religionspolitik zwar Anteil nimmt, aber nicht initiativ ist.[10]

Anders liegt das bei dem besonders elaborierten und zugleich religionspolitisch besonders kontroversen sog. Hamburger Modell eines „Religionsunterricht für alle". Bereits seit den 1960er Jahren wurde in Hamburg der „Religionsunterricht in evangelischer Verantwortung" ausdrücklich „für alle" angeboten und inhaltlich durch einen interreligiösen Fachkreis organisiert. Dieses Modell wird seit knapp 10 Jahren in ziemlich großer Einmütigkeit von Landespolitik, evangelisch-lutherischer Landeskirche, nunmehr seit Sommer 2022 auch der römisch-katholischen Erzdiözese und sonstigen Religionsgemeinschaften vor Ort zum „RUfa 2.0" in gemeinsamer Verantwortung aller Religionsgemeinschaften ausgebaut, was zu einer anhaltenden Debatte im Religionsverfassungsrecht ebenso wie in Theologie, Kirchenpolitik und Religionspädagogik führt.

Die Einführung des konfessionellen Religionsunterrichts in den neuen Bundesländern und die Einführung des islamischen Religionsunterrichts in einigen Bundesländern haben auf der Ebene der *res mixtae* zwischen Staat und Religionsgemeinschaften zu erheblichen Veränderungen geführt. In den neuen Bundesländern wurden akademische Einrichtungen insbesondere für die Ausbildung entsprechender Lehrkräfte geschaffen (z. B. an den Universitäten in Halle-Wittenberg und Dresden für Katholische Theologie; an der Universität Potsdam für die LER-Lehrkräfte). An den Universitäten Berlin (HU), Erlangen-Nürnberg, Frankfurt, Gießen, Hamburg, Münster, Osnabrück, Paderborn und Tübingen wurden akademische Einrichtungen zur Ausbildung von Lehrkräften für den islamischen Religionsunterricht etabliert[11], in Hamburg auch für alevitischen Religionsunterricht. Diese institutionellen Maßnahmen werden von politischen Bemühungen getragen, die dafür erforderliche Kooperation mit den Vertretern der Religionsgemeinschaften, die die Muslime und Muslimas in Deutschland repräsentieren, herzustellen und deren Mitwirkung bei der Besetzung der Professuren, bei der inhaltlichen Bestimmung der Studiengänge, bei Prüfungsordnungen und bei der Ausbildung der künftigen Religionslehrkräfte zu gewährleisten. Die religionspolitischen Initiativen und Kooperationen schlagen sich in zahlreichen neuen Rechtsbestimmungen und -konstruktionen nieder. Ihre Grundlagen sind vor allem Verträge zwischen dem Staat und den Religionsgemeinschaften, ein tradiertes Regelungsmuster, das nun vor allem auch mit neuen Partnern genutzt wird. In der Sache handelt es sich dabei nicht mehr um die Entflechtung der gemeinsamen Angelegenheiten in der Ausdifferenzierung der christlich-abendländischen Moderne, sondern um die Integration bisher staatsferner Religionen.

3. Motivlagen

Die Motive für die veränderlichen Aktivitäten um den Religionsunterricht sind durchaus heterogen und in Schichten gewachsen. Die verfassungsrechtlichen Bestimmungen selbst verdanken sich wohl der Einsicht in die Prägekraft der christlichen Konfessionen in Deutschland, die besonders in den in der Weimarer Zeit damals noch vergleichsweise geschlossenen konfessionellen Milieus vieler Regionen wirksam war. Die Aufnahme der zahlenmäßig sehr kleinen jüdischen Gemeinden in den konfessionellen Religionsunterricht ist auch Ausdruck einer erinnerungspolitischen Haltung, die in der Religionspolitik der Bundesrepublik Deutschland über die Parteigrenzen hinweg konsensual vertreten wird. Bei der Einführung des islamischen Religionsunterrichts dürften vor allem integrationspolitische Absichten leitend sein. Auch die Idee der Gleichbehandlung aller Religionsgemeinschaften schwingt mit. Dabei zeigt sich, dass der Gleichheitsgedanke, der in diesem Diskurs stark gemacht wird, in gewisser politischer Spannung steht zu der Idee der Gleichheit der geschlechtlichen Orientierung, die in der Religion des Islams teilweise anders ausgelegt wird als mehrheitsgesellschaftlich üblich, so dass die religionspolitische Maßnahme der Einführung des islamischen Religionsunterrichts auch umstritten ist. Nicht zuletzt aus diesem Grund wird wohl im linken politischen Spektrum ein religionskundlicher Unterricht favorisiert um zu verhindern, dass auf dem Ticket des konfessionellen Religionsunterrichts paternalistische oder diskriminierende Sozialideen vermittelt werden.

Ein weiteres Motiv für religionspolitische Veränderungen ist die Einsicht in den dramatischen religionsdemographischen Wandel.[12] Der Rückgang der Kirchenbindung einer zunehmend größer werdenden Zahl von Schülerinnen und Schülern führt dazu, dass in vielen Schulen hinreichend große Lerngruppen für den konfessionellen Religionsunterricht nicht mehr gebildet werden können. Die christlichen Theologien und Kirchen antworten darauf u. a. mit jenem Modell des konfessionell-kooperativen Religionsunterrichts, in dem evangelische und katholische Schüler in einer Lerngruppe grundsätzlich von zwei Lehrkräften unterrichtet werden, die für die Konfessionalität beider Glaubensrichtungen verantwortlich sind, ohne aber stets gemeinsam im Unterricht präsent zu sein.[13] Auf die zunehmende Zahl der Nichtteilnahme am konfessionellen Religionsunterricht haben die Bundesländer mit der Einführung eines sog. „Ersatzfaches" reagiert, das in den jungen Bundesländern eine zum konfessionellen Religionsunterricht gleichberechtigte Option darstellt mit dem Ergebnis, dass es in Sachsen, Sachsen-Anhalt, Mecklenburg-Vorpommern und Thüringen faktisch einen Wahlpflichtbereich gibt, in dem konfessioneller Religionsunterricht eine der möglichen Optionen ist. Die weitere demographische Entwicklung wird in Zukunft noch stärkeren politischen Druck

3. Motivlagen

auf die Praxis des bisherigen konfessionellen Religionsunterrichts ausüben.

Schließlich ist zu berücksichtigen, dass auch weltanschaulich geprägte Akteure religionspolitisch mitwirken. Humanistische, religionskritische und laizistische Strömungen stellen den konfessionellen Religionsunterricht in Frage und fordern entweder – wie z. B. in Berlin und Brandenburg – ein humanistisch geprägtes Angebot oder einen völligen Paradigmenwechsel in Richtung eines französischen Laizismus. Religion soll, wenn überhaupt, nur in religionskundlicher, d. h. neutraler Weise an der Schule gelehrt werden, wie es in Bremen geschieht. Die Religionskritik ist also religionspolitisch ebenso präsent und wird auch in Zukunft eine wichtige Rolle spielen.

Im theologischen Fachdiskurs werden die geschilderten Trends intensiv bedacht. Die Mehrheitsmeinung begrüßt die religionspolitische Öffnung von Art. 7 Abs. 3 GG für die Religion des Islams. Evangelische und Katholische Theologie verstehen sich als Partnerinnen der zu etablierenden Islamischen Theologie. Die Einführung des islamischen Religionsunterrichts wird weit überwiegend als Chance zur Stabilisierung und Anreicherung des konfessionellen Religionsunterrichts verstanden. Die naheliegende Möglichkeit, bereits an der Schule interreligiöse Begegnungen herbeizuführen, auf diese Weise Respekt, Toleranz und Pluralismusfähigkeit einzuüben und damit einen Beitrag zum sozialen Frieden zu leisten, ist insbesondere für die christlichen Theologinnen und Theologen hoch attraktiv. Umgekehrt sind die Bemühungen der sich neu etablierenden islamischen Religionspädagogik und -didaktik um den Anschluss an die Fachstandards der christlichen Religionspädagogiken unverkennbar.[14] Der konfessionell-kooperative Religionsunterricht ist in der evangelischen und katholischen Religionspädagogik hoch anerkannt und wird befürwortet. Gleiches gilt für die Evangelische Kirche in Deutschland (EKD).[15] Die Deutsche Bischofskonferenz (DBK) hat erst nach langem Zögern und zunächst nur kleinen Zugeständnissen inzwischen eine Rahmenrichtlinie für die Diözesen publiziert, die ihnen den Abschluss entsprechender Vereinbarungen zum konfessionell-kooperativen Religionsunterricht mit den evangelischen Landeskirchen und den entsprechenden Bundesländern ermöglicht.[16]

Die größten theologischen und religionspädagogischen Kontroversen hat bisher das Hamburger Modell, der sog. „Religionsunterricht für alle in evangelischer Verantwortung" ausgelöst, der derzeit zum „RUfa 2.0" in gemeinsamer Verantwortung aller Religionsgemeinschaften ausgebaut wird. Er wurde unter den spezifischen religionsrechtlichen und religionskulturellen Bedingungen der Freien und Hansestadt Hamburg auf der Basis von Art. 7 Abs. 3 GG theologisch und religionspädagogisch entwickelt und eingeführt. Über die verfassungsmäßige Legitimität dieser Grundidee, innerhalb eines an alle Schüler gerichteten evangelischen Religionsunterrichts auch authentische Begegnungen mit Vertretern anderer Religionen zu ermöglichen, wurde von Anfang an religionsrechtlich sehr kontrovers diskutiert.[17] Auch dem theologischen Konzept, das von einer basalen Dialog- und Versöhnungsorientierung des evangelischen Verständnisses des christlichen Glaubens mit anderen Glaubensrichtungen und -vorstellungen ausgeht und so die evangelische Verantwortung im „Religionsunterricht für alle" zu legitimieren versucht[18], wurde widersprochen.[19] Ebenso kritisch beleuchtet wurde der Anschluss des Hamburger Modells an den fachdidaktischen „State of the Art", zumal die katholische Kirche an diesem Modell zunächst nicht mitwirkte, so dass Einsichten und Methoden des konfessionell-kooperativen Religionsunterrichts in Hamburg nicht greifen konnten. Gegenwärtig ist die Hamburger Entwicklung im Fluss, was sich u.a. im unabgeschlossenen Diskurs über die Beteiligung der Deutschen Buddhistischen Union am Hamburger Modell zeigt.[20]

4. These und Perspektive: Vielfalt – Freiheit – Bindung

Vor dem Hintergrund dieser geöffneten Debattenlage sollen in diesem Buch Veränderungs- und Weiterentwicklungsmöglichkeiten des bisherigen Modells gedanklich ausgelotet werden. Ausgangspunkt dafür ist folgende normative Grundannahme der beiden Autoren, die in diesem Buch entfaltet werden soll: Der entscheidende Motor für die Entwicklung des Religionsunterrichts ist eine **anspruchsvolle Freiheitsorientierung** der beteiligten Akteure. Sie muss und kann sich in der Schule gerade unter den Bedingungen religiöser Pluralität bewähren – sonst handelte es sich beim Religionsunterricht nach Art. 7 Abs. 3 GG tatsächlich um ein überlebtes Privileg, dessen Grundlage – eine gemeinsame Herrschaft von Staat und Kirche über Untertanen – seit langem entfallen ist. Die möglichen Radikal-Alternativen zum geltenden religionsunterrichtlichen Modell führen dagegen zu gesellschaftlichen Freiheitsverlusten und verändern so die innere Balance und Legitimation der öffentlichen Schule. Die allgemeine Freiheitsorientierung des Grundgesetzes ermöglicht komplexere Deutungen des bestehenden Modells und zeigt hinreichenden Spielraum auf, um die unabweisbaren Herausforderungen, die durch die Pluralisierung der Religionskultur, die zunehmende Säkularisierung und den demographischen Wandel gestellt werden, aufzugreifen und eine Weiterentwicklung des schulischen Religionsunterrichtes in Übereinstimmung mit den Grundsätzen der Religionsgemeinschaften zu ermöglichen. Das in Deutschland seit ca. einhundert Jahren geltende Modell dürfte dafür auch deshalb besonders geeignet sein, weil zur politischen Kultur der Bundesrepublik Deutschland gehört, dass das *Verhältnis von Religion und Politik* in der Schule *in einem prozeduralen Modus* als gemeinsame Sache verhandelt wird (also nicht durch die sonst übliche Abgrenzung von Bewirkungssphären). Die notwendige Kooperation zwischen Staat (als Veranstalter der Schule) und Religionsgemeinschaften (als Verantwortliche für die Inhalte des Unterrichts) steht für ein *prinzipiell modernes, für die demokratische Weiterentwicklung unter den Bedingungen zunehmender gesellschaftlicher Pluralität und Heterogenität offenes Modell.* Notwendig ist mit anderen Worten eine Weiterentwicklung, die die Herausforderung der Partnerschaft in gewohnten und neuen Formen neu aufnimmt und nicht zu einem Kampf um Anteile (zwischen dem Staat und den Religionen oder zwischen Religionen) wechselt.

Der in dieser These eingeschlossene Weg wird in diesem Buch abgeschritten. Wir verzichten dafür bewusst auf eine vollständige Wiedergabe der sehr umfassenden Debatte. Auf eine analytisch zugespitzte Bestandsaufnahme des Ist-Standes (II.) folgt eine ebenfalls pointierte Rekonstruktion der inhaltlichen Begründungen dafür, warum es sinnvoll ist, das Fach „Religion" an öffentlichen Schulen zu lehren. Diese Begründungen liegen auf verschiedenen Ebenen und haben unterschiedliche Reichweiten. Sie enthalten Spannungsfelder und verweisen aufeinander. Wie zu zeigen sein wird, ist es gerade dieses ambivalente Spannungsgeflecht, das als Realisierung von Freiheit interpretiert werden kann, die im Religionsunterricht zur Geltung kommt (III.). Diese Freiheit kann zur Kreativität für eine zeitgemäße Weiterentwicklung der Formen des schulischen Religionsunterrichts und seines rechtlichen Fundamentes genutzt werden (IV.).

II. Bestandsaufnahme: Zur Situation des Religionsunterrichts in Deutschland

1. Ausgangsbedingungen: Religionsunterricht als besonders gesichertes Schulfach

Der Religionsunterricht an deutschen Schulen hat eine bemerkenswerte rechtliche Sonderstellung. Gemäß Art. 7 Abs. 3 GG ist er *„in den öffentlichen Schulen mit Ausnahme der bekenntnisfreien Schulen ordentliches Lehrfach"* (S. 1). Dabei geht es im materiellen Kern darum, dass der Unterricht *„unbeschadet des staatlichen Aufsichtsrechtes (...) in Übereinstimmung mit den Grundsätzen der Religionsgemeinschaften erteilt"* (S. 2) wird. Diese Bestimmung wurde fast wortgleich bereits in die Weimarer Verfassung von 1919 aufgenommen; seitdem ist sie in Deutschland der Ausgangspunkt aller religionspolitischen Debatten zum Thema. Ihre tragenden Elemente sind: Verfassungsrechtliche Sicherung des Fachs und seine gemeinsame Organisation durch staatliche Schulbehörden und die Religionsgemeinschaften; hinzu kommt die doppelte Gewährleistung der materiellen Freiwilligkeit für Lehrer wie auch für Eltern und Schüler (Art. 7 Abs. 2 GG, Art. 7 Abs. 3 S. 3 GG).

Der Religionsunterricht ist damit – unter anderem – ein *Thema des Verfassungsrechts*. Es gelten für ihn nicht nur die allgemeinen Bestimmungen des Religionsverfassungsrechts, die sich als umfassende Gewährleistung der Religionsfreiheit und als System religionsfreundlicher Neutralität bestimmen lassen.[21] Sondern es gelten eben auch die sehr spezifischen Vorgaben des Art. 7 Abs. 3 GG, die schon deshalb eine Besonderheit darstellen, weil der Religionsunterricht als einziges Schulfach unmittelbar und ausdrücklich durch die Verfassung gesichert wird. Nicht der (Schul-)Gesetzgeber entscheidet also wie sonst über die Einrichtung des Fachs, sondern das Grundgesetz gibt die Garantie des Fachs vor. Es stellen sich dann Fragen nach den Anspruchsberechtigten, den einzelnen Zugangs- und Gestaltungsvoraussetzungen – und im Streitfall muss nach Rechtsmaßstäben entschieden werden: Damit rückt der Rechtsstaat mit seinen Gerichten an die Stelle demokratischer Bestimmung, wenn es um die Einführung und Durchführung des Religionsunterrichts geht.

Dem entspricht, dass das *Bundesverfassungsgericht* eine maßgebliche Quelle für die Organisationsfragen zum Religionsunterricht geworden ist. In seiner (einzigen) Leitentscheidung zum Thema hat das Karlsruher Gericht im Jahr 1987 durch seinen Ersten Senat folgende Grundlagen in Hinblick auf *Organisation* und inhaltliche *Substanz* des Unterrichts formuliert:[22]

Religionsunterricht ist danach in organisatorischer Hinsicht

„in Fortführung der Regelungen der Weimarer Reichsverfassung (…) Bestandteil der Unterrichtsarbeit im Rahmen der staatlichen Schulorganisation. (…) (Er gehört) daher zu den sogenannten gemeinsamen Angelegenheiten von Staat und Kirche, bei denen die Verantwortungsbereiche beider Institutionen eng miteinander verknüpft sind. (…) Seine Einrichtung als Pflichtfach ist für den Schulträger obligatorisch; der Staat muß gewährleisten, daß er ein Unterrichtsfach mit derselben Stellung und Behandlung wie andere ordentliche Lehrfächer ist. Sein Pflichtfachcharakter entfällt nicht dadurch, daß Art. 7 Abs. 2 GG ein Recht zur Abmeldung einräumt. Diese Befreiungsmöglichkeit hebt ihn zwar aus den übrigen Pflichtfächern heraus, macht ihn aber nicht zu einem Wahlfach (…)."[23]

Das Gericht fährt dann zur inhaltlichen Bestimmung fort:

„Seine Sonderstellung gegenüber anderen Fächern gewinnt der Religionsunterricht aus dem Übereinstimmungsgebot des Art. 7

Abs. 3 Satz 2 GG. Dieses ist so zu verstehen, daß er in ‚konfessioneller Positivität und Gebundenheit' zu erteilen ist (so Anschütz, Die Verfassung des Deutschen Reichs, zuletzt 14. Aufl., Anm. 4 zu Art. 149 WRV (...)). Er ist keine überkonfessionelle vergleichende Betrachtung religiöser Lehren, nicht bloße Morallehre, Sittenunterricht, historisierende und relativierende Religionskunde, Religions- oder Bibelgeschichte. Sein Gegenstand ist vielmehr der Bekenntnisinhalt, nämlich die Glaubenssätze der jeweiligen Religionsgemeinschaft. Diese als bestehende Wahrheiten zu vermitteln ist seine Aufgabe (...)."[24]

Fasst man diese Grundlinie zusammen, ist der Religionsunterricht an deutschen Regelschulen ein (1) vollgültiges Unterrichtsfach, also insbesondere Teil der staatlichen Schulorganisation. Zugleich wird (2) sein materieller Inhalt durch die jeweilige Religionsgemeinschaft bestimmt, die (3) insoweit an ihre Glaubenssätze gebunden ist. Um „Wahrheit als Wahrheit" unterrichten zu können, ist die Gemeinschaft der Gläubigen (sprich der Angehörigen einer Konfession bzw. Religionsgemeinschaft) nicht nur das historische Ausgangsmodell, sondern die inhaltlich begründete organisatorische Grundform des Religionsunterrichts, weshalb dem Religionsunterricht unter den Bedingungen der konfessionellen Aufteilung der Bevölkerung von Anfang an auch ein trennendes Element innewohnt.[25]

Alle drei Elemente sind freilich vor allem in Grenzfragen durchaus rechtlich umstritten und werden auch in der derzeitigen Praxis höchst unterschiedlich ausgestaltet.

2. Die tatsächliche Lage des Religionsunterrichts – Parameter und Modellbildung

In diesem Abschnitt geht es nicht um eine empirische Bestandsaufnahme des Ist-Zustandes.[26] Vielmehr soll ein nach Modellen geordneter Überblick gegeben werden, der die vielfältigen Ansätze für Veränderungen und Erweiterungen einbezieht.

a) Parameter

Die Ausgangsbeobachtung zur gegenwärtigen Lage des Religionsunterrichts lässt sich wie folgt formulieren: Trotz der zunächst einförmigen rechtlichen Bestimmung des Fachs im Grundgesetz treffen wir in den Bundesländern auf eine höchst unterschiedliche Praxis. Hierfür ist zunächst einmal die **Handlungsverantwortung der 16 Bundesländer** verantwortlich, die den Religionsunterricht im Rahmen ihre Schulhoheit einrichten und durchführen. Der Religionsunterricht ist dementsprechend auch in den meisten Fällen mit einer Reihe von Nuancen durch die Schulgesetze und zum Teil auch durch das Landesverfassungsrecht geregelt. Hinzu kommt eine höchst unterschiedliche Handhabung der allgemein-abstrakten Regeln durch untergesetzliche Bestimmungen, formelle oder informelle Vereinbarungen mit Religionsgemeinschaften wie mit der Religionspädagogik. Und schon wegen der notwendigen Mitwirkung der Religionsgemeinschaften handelt es sich beim Religionsunterricht letztlich stets um das Ergebnis eines Aushandlungsprozesses.[27]

Bei diesen **Aushandlungsprozessen** können die Akzente unterschiedlich gesetzt sein und sich vor allem auch über den Zeitverlauf verändern. Sowohl die staatliche wie die kirchliche Seite unterlagen seit 1949 bestimmten Konjunkturen: Manche Bundesländer gingen ursprünglich von einer konfessionell fast geschlossenen Bevölkerung aus und mussten schon die zweite christliche Konfession als Außenseiterfrage bewältigen, andere hatten von Beginn an mit einer echten Parität zu tun.[28] Praktisch von Anfang an stellte sich zusätzlich das Problem des massiven religionsdemographischen Unterschieds von (Groß-)Stadt und Land. Die Quasi-Halbierung des Anteils der Christenheit an der Gesamtbevölkerung in den letzten Dekaden hat diese Unterschiede zum Teil gemildert, zum Teil noch verschärft. Weiter ist zu berücksichtigen, dass Bundesländer und religiöse Verbünde

2. Die tatsächliche Lage des Religionsunterrichts

sich auch schon örtlich keineswegs deckungsgleich gegenüberstehen: Der Staat hat also regelmäßig schon in einem Bundesland mit mehreren Bistümern oder auch mehreren Landeskirchen zu tun, die prinzipiell jeweils schon für den jeweiligen katholischen bzw. evangelischen Religionsunterricht je eigene Gestaltungsansprüche anmelden können. Und natürlich hat es systemrelevante Wirkung, dass andere Religionsgemeinschaften hinzutreten (zum Teil nur örtlich sichtbar, zum Teil für das ganze Land), für die sich die Frage einer schlichten Anwendung gleicher Regeln oder gerade deren Transposition stellt, was jeweils offensiv oder defensiv begriffen werden kann.

Auch **innerschulisch** ist „der" Religionsunterricht von vornherein in vielfältiger Gestalt anzutreffen: Denn der Unterricht im Klassenverband der Grundschule folgt anderen Grundprämissen als der Leistungskurs in der Oberstufe eines Gymnasiums; wiederum ganz anders ist die schulische Wirklichkeit des Religionsunterrichts an der Berufsschule. Ganz offensichtlich liegen hier ganz verschiedene Funktionen und Konkurrenzsituationen vor, die selbst bei der gleichen Religionsgemeinschaft und einer gleichen religionsdemographischen Situation im gleichen Bundesland zu einer unterschiedlichen Praxis führen werden.

Auch die Frage der Versorgung der übrigen, nicht (oder anders) religiös gebundenen Schülerschaft bildet ein deutliches Unterscheidungsmerkmal. Für einen entsprechenden **Ersatz- oder Zusatzunterricht** steht zwar allein der Staat in der Verantwortung – aber selbstverständlich haben diese Entscheidungen umfassende Wirkung in Bezug auf den Religionsunterricht, so dass sie in das Gesamtbild mit einzubeziehen sind.

Entstanden ist so in allen Bundesländern eine **Schichtung** von überkommenen und neuen Regularien, wie das Verfassungsangebot des Religionsunterrichts tatsächlich realisiert wird. Dabei geht es etwa um die Frage der Vorhand, wann also welche Religionsgemeinschaft einbezogen wird bei der Festsetzung der Unterrichtspläne, Lehrbefugnisse und Standards der Lehrerbildung; noch konkreter: welche Rolle dabei die Religionspädagogik spielt, und welche die Amtskirche, und welche das jeweilige Schulministerium, bzw. in welchen Gremien diese Handlungsbeiträge wann und wie verbunden werden. Besondere Beachtung verdienen dabei **Querstände**, wenn unterschiedliche Religionsgemeinschaften, die ihre Ansprüche angemeldet haben und zahlenmäßige Grenzvorgaben erfüllen, zunächst oder auch auf Dauer im gleichen Bundesland unterschiedlich behandelt werden.

b) Regelungsorte – Modellbildung nach Art und Grad der Konfessionsgebundenheit

Für den normativen *Regelungsort* kann zunächst festgehalten werden, dass zehn von 16 Bundesländern die Frage des Religionsunterrichts bereits in ihren **Landesverfassungen** ausdrücklich regeln – bis auf den Sonderfall Bremen allesamt mit einer Garantie des Religionsunterrichts in Gestalt des Art. 7 Abs. 3 GG mit unterschiedlichen Erweiterungen. Zum Teil wird dort bereits der Ersatzunterricht als Pflichtfach mitgeregelt (Bayern, Rheinland-Pfalz, Sachsen-Anhalt), zum Teil die Ausbildung bzw. die Zulassung der Lehrkräfte durch die Religionsgemeinschaften festgehalten (mit Unterschieden in Baden-Württemberg, Bayern, Nordrhein-Westfalen, Rheinland-Pfalz, Sachsen), zum Teil wird das Einverständnis der Religionsgemeinschaften zum Lehrplan bzw. andersherum das Einverständnis des Staates zu einem kirchlichen Lehrplan oder ein Aufsichtsrecht der Religionsgemeinschaften über den Unterricht etabliert (insbesondere Rheinland-Pfalz, Saarland, Sachsen, Einverständnisregelung auch Nordrhein-Westfalen). Sämtliche Bundesländer haben im Übrigen umfangreiche Regelungen zum Religionsunterricht selbst, zur Teilnahme und Befreiung, zur Ausbildung der Religionslehrkräfte im akademischen Bereich und zur Rolle des

2. Die tatsächliche Lage des Religionsunterrichts

Religionsunterrichts im schulischen Alltag in ihre Schulgesetze aufgenommen.

Man kann in der Praxis dann drei Grundmodelle für den religionsbezogenen Unterricht unterscheiden, die sich gemäß der normativen Anlage des Art. 7 Abs. 3 GG nach **Art und Grad ihrer Konfessionsgebundenheit** unterscheiden: Das Trennungsmodell geht von vornherein von unterschiedenen Religionsunterrichten für die jeweils relevanten Konfessionen und Religionen aus; das neuere Integrationsmodell verbindet mehrere Konfessionen oder sogar Religionen in einem Unterricht, ohne den Rückbezug auf Art. 7 Abs. 3 GG aufkündigen zu wollen; im Distanzmodell ist der gemeinsame, staatlich verantwortete Unterricht die Basis, der sich nicht auf Art. 7 Abs. 3 GG stützt. Hinzu treten dann bestimmte Sondermodelle, die für (staatliche bzw. private) Bekenntnisschulen und (entgegengesetzt) für bekenntnisfreie Schulen gelten. Gegenwärtig sind insgesamt 14 christliche Konfessionen sowie andere Religionsgemeinschaften in das System von Art. 7 Abs. 3 GG integriert. Notierenswert ist auch die Vielfalt der Ersatzfächer. Sie betrifft nicht nur die jeweilige Nomenklatur, sondern auch ihre Stellung innerhalb der Schule und die Nachfragesituation, die zwischen den Bundesländern stark variiert.

Trennungsmodell

– Im Trennungsmodell wird Religionsunterricht **grundsätzlich getrennt nach Konfessionen erteilt**. Dieses Hauptmodell wird bei beachtlichen Unterschieden im Detail in den (11) Bundesländern Baden-Württemberg, Bayern, Hessen, Niedersachsen, Nordrhein-Westfalen, Rheinland-Pfalz, Saarland und Schleswig-Holstein sowie Mecklenburg-Vorpommern, Sachsen, Sachsen-Anhalt und Thüringen so gehandhabt. Die Mehrzahl dieser Länder hält den Religionsunterricht als Regelform schon in der Landesverfassung fest (bis auf Niedersachsen, Schleswig-Holstein und Mecklenburg-Vorpommern), alle regeln ihn in ihren Schulgesetzen entsprechend der Grundformel des Grundgesetzes.

Praktisch bestehen dabei erhebliche Unterschiede zwischen den genannten Bundesländern. Das betrifft insbesondere den Kreis der Religionen, die in den Unterricht einbezogen werden. Das gilt zunächst schon für das **Christentum**. Grundsätzlich wird flächendeckend zumindest evangelischer und katholischer Religionsunterricht erteilt. Religionsunterricht in den (unterschiedlichen) christlichen Orthodoxien (griechisch-orthodox, russisch-orthodox, serbisch-orthodox und syrisch-orthodox) wird teils gemeinsam (z. B. in Bayern), teils differenziert (z. B. in Nordrhein-Westfalen) in Baden-Württemberg, Bayern, Hessen, Niedersachsen und Nordrhein-Westfalen angeboten (allerdings nicht flächendeckend).[29] Mennonitischen Religionsunterricht gibt es in Hessen, Rheinland-Pfalz und Nordrhein-Westfalen (als Schulversuch).[30] Altkatholischer Religionsunterricht wird in Bayern und Baden-Württemberg erteilt. Adventistischen Religionsunterricht gibt es in Hessen.

Jüdischer Religionsunterricht wurde in Baden-Württemberg, Bayern, Hessen, Niedersachsen, Nordrhein-Westfalen und im Saarland eingerichtet, er wird aber nicht flächendeckend, sondern in enger (auch räumlicher) Anbindung an die Gemeinden bzw. an jüdische Einrichtungen vor Ort erteilt.[31]

Islamischen Religionsunterricht bzw. islamische Religionslehre gibt es in Baden-Württemberg (als Modellversuche seit 2005/06), Niedersachsen (seit 2014), Nordrhein-Westfalen und im Saarland (als verlängerter Modellversuch). In den genannten Bundesländern wird der islamische Religionsunterricht derzeit überwiegend in den Grundschulen und in der Sekundarstufe I angeboten.

Hessen wollte den islamischen Religionsunterricht zum Ende des Schuljahres 2019/20 beenden, da man nicht mehr mit der von der türkischen Regierung gesteuerten Organisation DITIB

2. Die tatsächliche Lage des Religionsunterrichts

kooperieren wollte, während der islamische Religionsunterricht in Kooperation mit Ahmadiyya Muslim Jamaat fortgesetzt werden sollte. Der hessische Verwaltungsgerichtshof hatte in einem Beschluss vom 31. Mai 2022 die Rechtswidrigkeit dieser Entscheidung festgestellt.[32] Daraufhin kündigte das hessische Kultusministerium an, den islamischen Religionsunterricht zum Schuljahr 2022/23 wieder einzuführen. Bis auf Weiteres wird der islamkundlich angelegte Schulversuch „Islamunterricht" fortgeführt. In Bayern lief der Modellversuch „Islamischer Religionsunterricht" im Jahr 2019 aus. Für eine Fortsetzung bzw. Verstetigung des konfessionellen islamischen Religionsunterrichtes fehlt nach Auskunft der Regierung ein religiöser Ansprechpartner.[33]

Alevitischen Religionsunterricht gibt es in Baden-Württemberg, Hessen, Niedersachsen, Nordrhein-Westfalen (als Schulversuch) und im Saarland.

Freireligiöser Religionsunterricht wird in Hessen erteilt.[34]

Z.B. in Baden-Württemberg und Bayern sind Pfarrerinnen und Pfarrer im schulischen Religionsunterricht tätig bzw. für ihn vom kirchlichen Dienst freigestellt. Dadurch wird in diesen Ländern die kirchliche Rückbindung des schulischen Religionsunterricht deutlicher sichtbar als in den anderen Bundesländern, in denen überwiegend Lehrkräfte im Landesdienst den Religionsunterricht erteilen.[35]

Zum Trennungsmodell gehört typischerweise, dass es ein staatliches **Ersatzfach** gibt: Da von vornherein nicht alle Schüler einen gemeinsamen Unterricht besuchen (sollen), wird auch für die konfessionsfremden Schüler ein paralleles Angebot geschaffen, das ggfs. auch als (Ersatz-)Pflichtfach ausgestaltet ist.[36] In Baden-Württemberg, Bayern, Hessen, Rheinland-Pfalz, Saarland heißt dieses Fach „Ethik", in Niedersachsen „Werte und Normen", in Bremen, Nordrhein-Westfalen und Schleswig-Holstein „(Praktische) Philosophie". Dieser Unterricht setzt in der Regel erst in oberen Klassenstufen ein; zuvor wird bei der

Abmeldung vom Religionsunterricht nur ein anderweitiges allgemeines Betreuungsangebot gewährleistet. In Niedersachsen wird „Werte und Normen" ab dem Schuljahr 2025/26 als „ordentliches Unterrichtsfach" angeboten.[37] Unterschiedlich gehen die Länder (jedenfalls nach dem geschriebenen Recht) mit dem Abmelderecht um, das eher aktiv oder abweisend ausgestaltet werden kann; eine Reihe von Bundesländern verwendet dafür einheitliche Formulare, die den Vorgang für die Schulakte aufbereiten.[38]

Eine Besonderheit bildet **Islamkunde als (weiteres) Ersatzfach**. In Hessen (seit dem Schuljahr 2020/21), in Bayern (zum 01.08.2021) und in Schleswig-Holstein wird ein solches Fach (auch „Islamischer Unterricht") als staatlich verantwortetes Ersatzfach bekenntnisneutral unterrichtet.[39] Damit wird hier ein religionsscharfer Ersatzunterricht angeboten, der praktisch eine *hybride Funktion* erfüllen soll: Anders als bei den ursprünglichen Ersatzunterrichten, die in Bezug auf das Christentum gerade Religionsferne sichern sollten, geht es nun vielmehr darum, eine spezifische Nähe zu den Inhalten einer bestimmten Religion aufrechtzuerhalten, dabei aber zugleich Abstand von den Religionsgemeinschaften zu wahren.[40]

In den Ländern *Sachsen* und *Sachsen-Anhalt* bilden die Fächer Ethik, evangelische und katholische Religionslehre einen gemeinsamen **Wahlpflichtbereich**. Ethik ist hier also kein Ersatzfach, sondern grundständiges Pflichtfach. Hintergrund ist, dass schon seit 1990 die Situation in Mecklenburg-Vorpommern, Sachsen und Sachsen-Anhalt dadurch bestimmt ist, dass nur eine Minderheit von Schülerinnen und Schülern am konfessionsgebundenen Unterricht teilnimmt; Grund dafür ist die besondere religionsdemographische Lage im Erbe der DDR. In Sachsen wird der Ethik-Unterricht von ca. 75 % der Schüler besucht und umfasst auch religionskundliche Anteile.[41] In *Mecklenburg-Vorpommern* bilden die Ersatzfächer „Philosophieren mit Kindern" (Primarstufe, Sek I) bzw. Philosophie (ab Sek II) mit der

2. Die tatsächliche Lage des Religionsunterrichts

evangelischen und katholischen Religionslehre lt. Schulgesetz eine gemeinsame Fachgruppe, sind also faktisch gleichgestellt. In diesem Land nehmen ca. 40 % der Schüler am Religionsunterricht teil.[42] Seit 2018 gibt es Überlegungen zur Einführung eines konfessionell-kooperativen Religionsunterrichts. Andere Formen von konfessionellem Religionsunterricht gibt es in diesem Bundesland nicht. In Sachsen-Anhalt wird (wie bisher auch in Hamburg) der katholische Religionsunterricht vorwiegend auf die konfessionellen Schulen konzentriert.

Traditionelle Sonderformen innerhalb des Trennungsmodells sind in den Schulformen anzutreffen, die neben dem gemeindeutschen Standard der staatlichen Gemeinschaftsschule liegen.[43] Hier sind zunächst die Bekenntnisschulen in staatlicher Trägerschaft anzusprechen, die in größerer Zahl noch in Nordrhein-Westfalen (sowie in kleinerer Zahl im oldenburgischen Niedersachsen) anzutreffen sind. Hier wird der Religionsunterricht nur derjenigen Konfession gelehrt, zu der sich die Schule bekennt. Eine Abmeldung vom Religionsunterricht ist hier nach der höchstgerichtlich bestätigten Rechtsprechung des OVG Münster für religionsfremde Kinder nicht möglich.[44] Davon zu unterscheiden sind diejenigen Schulen, die von Religionsgemeinschaften oder anderen privaten Einrichtungen getragen werden und deren Religionsunterricht durch das Profil der Träger-Religionsgemeinschaft geprägt sind (wobei hier oftmals auch anderskonfessioneller Unterricht angeboten wird). Hier sind vor allem die von den christlichen Kirchen bzw. kirchennahen Stiftungen betriebenen Schulen zu nennen.[45] Schließlich sind die bekenntnisfreien Schulen zu erwähnen, an denen es keinen konfessionellen Religionsunterricht gibt. Auch hierfür bildet Art. 7 Abs. 3 GG die Rechtsgrundlage.

– Die sehr heterogene Praxis des Trennungsmodells lässt sich vertieft am Beispiel des größten (und konfessionell und religiös besonders pluralen) Bundeslandes zeigen: In Nordrhein-Westfalen wird für acht Bekenntnisse Religionsunterricht angeboten: evangelisch, römisch-katholisch, syrisch-orthodox, orthodox (differenziert als griechisch-, russisch-, rumänisch- und serbisch-orthodox), jüdisch, islamisch, alevitisch und mennonitisch. Außerdem steht es Schulen seit dem Schuljahr 2018/19 frei, Religionsunterricht in konfessioneller Kooperation für evangelische und katholische Schülerinnen und Schüler einzurichten. Den ordentlichen islamischen Religionsunterricht bietet Nordrhein-Westfalen seit 2012 an. Er wurde zunächst an den Grundschulen eingeführt, inzwischen können alle Schulen, die die organisatorischen Voraussetzungen erfüllen und die über die entsprechenden Lehrerinnen und Lehrer verfügen, den islamischen Religionsunterricht anbieten. Nach Auskunft des nordrhein-westfälischen Schulministeriums ist dies mittlerweile für die Sekundarstufen I und II sowie für das Berufskolleg möglich. Der islamische Religionsunterricht wurde zunächst durch einen Beirat begleitet, der sich bis 2019 aus je 4 Vertretern islamischer Dachverbände sowie der Landesregierung zusammensetzte. 2019 wechselte der Gesetzgeber auf ein offeneres Kommissionsmodell, in das unabhängig von der Repräsentativität auf der Grundlage eines Vertragsschlusses weitere muslimische Vereine und Organisationen eingebunden werden können.[46]

Im Mai 2021 sind in Nordrhein-Westfalen die ersten Verträge zur Zusammenarbeit zum islamischen Religionsunterricht nach diesem Kommissionsmodell unterzeichnet worden. Diese Kommission soll die sonst einer Religionsgemeinschaft unmittelbar zugewiesenen verfassungsrechtlichen Aufgaben wahrnehmen – wobei der staatliche Einfluss durch den Vorbehalt des Vertragsschlusses und die Diversifizierung der religiösen Partner steigen dürfte.[47] Zu ihren Aufgaben gehört unter anderem das religiöse Einvernehmen mit neuen, in staatlicher Verantwortung erarbeiteten Kernlehrplänen, die Erteilung der Idschaza (Lehrerteilung für den islamischen Religionsunterricht) sowie die Beteiligung bei der Genehmigung von Lernmitteln. Nach der entsprechenden Änderung des Schulgesetzes von 2019[48] war die Landesregierung beauftragt, Gespräche mit verschiedenen islamischen Organisationen zu führen und Vertragsabschlüsse vorzubereiten. Zu den Voraussetzungen zählt das Gesetz unter anderem, dass die Organisation in der Zusammenarbeit beim islamischen Religionsunterricht eigenständig und staatsunabhängig ist und die Verfassungsprinzipien achtet. Sechs nordrhein-westfälische islamische Organisationen (Bündnis Marokkanische Gemeinde (BMG), Türkisch-Islamische Union der Anstalt für Religion (DITIB), Islamische Gemeinschaft der Bosniaken in Deutschland (IGBD), Islamische Religionsgemeinschaft NRW (IRG NRW), Union der Islamisch-Albanischen Zentren in Deutschland (UIAZD), Verband der Islamischen Kulturzentren (VIKZ)) wurden zunächst für einen solchen Vertragsschluss zugelassen. Jede dieser islamischen Organisationen hat eine theologisch, religionspädagogisch, islamwissenschaftlich oder vergleichbar qualifizierte Person als Mitglied für die Kommission benannt.[49] Schließlich wird gelegentlich Islamkunde in deutscher Sprache angeboten, die religionskundlich ausgerichtet ist.[50]

Die für den Religionsunterricht erforderlichen Religionslehrkräfte werden an staatlichen Universitäten akademisch ausgebildet, so dass die entsprechenden akademischen Einrichtungen (in der Regel theologische Institute oder Fakultäten) ebenfalls als gemeinsame Angelegenheiten von Staat und Kirche betrieben werden. Mit der Einführung des islamischen Religionsunterrichts an den Schulen in Nordrhein-Westfalen wurden an den Universitäten in Münster und Paderborn Professuren für Islamische Theologie eingerichtet.[51] Im Zuge der Herstellung der von der Verfassung gebotenen Mitwirkung der muslimischen Gemeinschaft (in ihren vielfältigen Organisationsformen, die in der Regel nicht auf körperschaftliche Vollmitgliedschaft ausgelegt sind) auf diesem Gebiet eröffnet sich damit auch an den Hochschulen ein neues religionspolitisches Arbeitsgebiet.[52]

Die religionsbezogene Wissenschaftslandschaft dürfte in Nordrhein-Westfalen eine in Europa einzigartige Dichte haben. An den Universitäten in Bochum, Bonn und Münster gibt es vergleichsweise große Fakultäten für Evangelische und Römisch-Katholische Theologie. Dazu kommen die Institute für Evangelische und Katholische Theologie an den Universitäten in Dortmund, Duisburg-Essen, Köln, Paderborn, Siegen und Wuppertal. Evangelische Religionslehre kann in Bielefeld studiert werden, katholische in Aachen. Einen Lehrstuhl für Orthodoxe Theologie gibt es an der Universität Münster. An der Universität Bonn existiert ein Lehrstuhl für Altkatholische Theologie. Das Zentrum für Islamische Theologie (ZIT) an der Universität Münster ist im Aufbau zu einer eigenständigen Fakultät, zur Zeit sind dort fünf Lehrstühle besetzt. Das Fach Jüdische Studien bzw. Judaistik ist an vielen Universitäten in Nordrhein-Westfalen präsent, in der Regel jedoch nicht mit Aufgaben in der Ausbildung von künftigen Religionslehrkräften befasst.

Neben den staatlichen Universitäten, die die theologischen Professuren und Studienordnungen in Abstimmung mit den jeweils zuständigen Religionsgemeinschaften einrichten, gibt es Hochschulen, die von den Kirchen unterhalten werden, nämlich die Kirchliche Hochschule Wuppertal (Evangelische Kirche im Rheinland), die Theologische Fakultät Paderborn (Erzbischöflicher Stuhl zu Paderborn), die Philosophisch-Theologische Hochschule Münster (Deutsche Kapuzinerprovinz) und die neu gegründete Kölner Hochschule für Katholische Theologie (Erzbistum Köln). In der religionsbezogenen Forschung ragen das Exzellenzcluster *Religion und Politik in den Kulturen der Vormoderne und Moderne* an der Universität Münster und das *Centrum für Religionswissenschaftliche Studien (CERES)* an der RUB Bochum heraus. Religionswissenschaftliche Studiengänge und Forschungen gibt es darüber hinaus an mehreren Hochschulen in Nordrhein-Westfalen. Diese Einrichtungen sind jedoch nicht für die Bildung von Religionslehrkräften zuständig.

Integrationsmodell

Das Integrationsmodell lässt sich als Weiterentwicklung des Trennungsmodells begreifen. Denn auch hier sind die **unterschiedlichen Konfessionen bzw. Religionen** die primäre Ausgangsgröße, die allerdings **in einem gemeinsamen Unterricht** zusammengeführt werden. In Baden-Württemberg, Niedersachsen und Hessen wird inzwischen (in bestimmten Schulstufen) konfessionell-kooperativer Religionsunterricht (evangelisch plus römisch-katholisch) als Regelfall des konfessionellen Religionsunterrichts durchgeführt.[53] In weiteren Bundesländern gibt es Schulversuche, in denen dieses Modell erprobt wird.[54]

Älter ist das Hamburger Modell eines „Religionsunterrichts für alle", das zunächst „in evangelischer Verantwortung" erteilt wurde, also formal als evangelischer Religionsunterricht galt, und seitdem als „RUfa 2.0" zu einem Unterricht in gemeinsamer Verantwortung der beteiligten Religionsgemeinschaften weiterentwickelt wird.[55] Die Religionsgemeinschaften tragen hier nicht in erster Linie zu ihrem Segment des Religionsunterrichts bei, sondern zu einem von vornherein gemeinsam gedachten Unterricht.[56] Die akademische Ausbildung der Lehrkräfte erfolgt an der Universität Hamburg an unterschiedlichen Einrichtungen, nämlich am Fachbereich Evangelische Theologie und am Fachbereich Religion, an dem die Alevitische Theologie, die Islamische Theologie, die Jüdische Philosophie und Literatur und die Katholische Theologie sowie die „Akademie der Weltreligionen", die eine gemeinsame Organisationseinheit der Fakultät für Geisteswissenschaften und der Fakultät für Erziehungswissenschaft ist, angesiedelt sind. Der religionspädagogische Anteil der akademischen Ausbildung erfolgt für alle Studierenden am Arbeitsbereich Religionspädagogik der Fakultät für Erziehungswissenschaften.

Das gemeinsame Merkmal – und die gemeinsame Schwierigkeit – dieser Modelle ist, dass die „Grundsätze" des jeweiligen

Unterrichts nicht von einer, sondern von mehreren organisatorisch eigenständigen Religionsgemeinschaften festgelegt werden, die schon nach ihrer Selbstauskunft ganz ausdrücklich nicht als eine gemeinsame Konfession bzw. sogar nicht als eine Religion verstanden werden können. Insoweit besteht selbstverständlich ein kategorialer Unterschied zwischen einem innerchristlich-überkonfessionellen Unterricht und einem interreligiösen Unterricht. Aus Sicht des religiös neutralen Staats sind allerdings auch die Bekenntnisunterschiede zwischen den christlichen Kirchen nicht zu übergehen. Das gilt einerseits historisch – gerade die Differenz in Glaubenssätzen zwischen evangelischen und katholischen Christen waren der Hauptgrund für die Aufteilung des Religionsunterrichts nach Konfessionen. Und andererseits sind die Bekenntnisunterschiede auch in der Gegenwart ganz offensichtlich nicht aufgehoben, solange keine Abendmahlgemeinschaft besteht und tiefgreifende Unterschiede im Amtsverständnis zu verzeichnen sind. Insoweit kann sich der kulturell informierte Staat auch nicht dümmer stellen, als er ist: Die amtskirchlich kontinuierlich erklärten Konfessionsunterschiede können nicht in Sachen Religionsunterricht als nicht-existent behandelt werden. Dennoch ist selbstverständlich das Hamburger Modell nochmals herausforderungsvoller: Denn hier geht es nicht um eine abzählbare Menge von Bekenntnisunterschieden, sondern um die umfassende Verschiedenheit von Anfang an, die sich in allen Elementen des jeweiligen Glaubens ausdrückt.

Distanzmodell

Als Distanzmodell lassen sich die Regelungen in den Bundesländern Bremen, Brandenburg und Berlin bezeichnen. Hier wird auf der Rechtsgrundlage von Art. 141 GG („Bremer Klausel") auf die Konfessionsgebundenheit des Religionsunterrichts grundständig verzichtet. Die Ausgestaltung dieser Ausnahmeregel ist dann allerdings sehr verschieden:

2. Die tatsächliche Lage des Religionsunterrichts

Im Bundesland *Bremen* wurde das bis dato erteilte überkonfessionelle Fach „Unterricht in biblischer Geschichte", dessen Wurzeln bis in das 18. Jahrhunderts zurückgehen, im Jahr 2014 durch das Fach „Religion" ersetzt, das religionsübergreifend gelehrt wird und bei dem der Staat ‚Anbieter' des Religionsunterrichts ist.[57] Die Ausbildung der Lehrkräfte an der Universität Bremen ist religionswissenschaftlich angelegt. Die Religionsgemeinschaften (auf der Basis der vom Bundesland mit den muslimischen Religionsgemeinschaften abgeschlossenen Verträge) haben Mitsprachemöglichkeiten bei der Erstellung der Curricula.[58]

In *Berlin* wird das Fach „Ethik" als verbindliches Schulfach für alle Schülerinnen und Schüler der Klassen 7–10 im Klassenverband unterrichtet. Das Schulgesetz bestimmt als Ziel des Ethikunterrichts „die Bereitschaft und Fähigkeit der Schülerinnen und Schüler unabhängig von ihrer kulturellen, ethnischen, religiösen und weltanschaulichen Herkunft zu fördern, sich gemeinsam mit grundlegenden kulturellen und ethischen Problemen des individuellen Lebens, des gesellschaftlichen Zusammenlebens sowie mit unterschiedlichen Wert- und Sinnangeboten konstruktiv auseinander zu setzen".[59] Die akademische Ausbildung der Lehrkräfte erfolgt in den Studiengängen Ethik/Philosophie an der Freien Universität und der Humboldt-Universität, die den Bedarf an Ethiklehrkräften jedoch nicht decken können. Daher wird die Mehrzahl der Ethik-Stunden durch weitergebildete Lehrkräfte oder fachfremd erteilt. Der zusätzliche Religionsunterricht ist Sache der Religion- und Weltanschauungsgemeinschaften, die seine Durchführung und Qualität selbst verantworten. Er wird als ein zweistündiges Wahlfach erteilt. Die darin erbrachten Leistungen werden nicht zensiert, sind nicht versetzungsrelevant und erscheinen in der Regel auch nicht im Zeugnis. Für dieses Angebot müssen die Eltern ihre Kinder anmelden. Mit Vollendung des 14. Lebensjahres erfolgt dies durch die Schülerinnen und Schüler selbst. Die Schule hält den Platz im Stundenplan frei und stellt Unterrichtsräume mit Licht und Heizung zur Verfügung. Die Lehrkräfte werden von den Religions- und Weltanschauungsgemeinschaften beauftragt. Es kann sich dabei um vom Staat angestellte Lehrkräfte handeln. In der Regel aber wird der konfessionelle Religionsunterricht christlicher Provenienz von kirchlich angestellten Religionslehrkräften erteilt. Der Unterricht wird durch die Religions- und Weltanschauungsgemeinschaften bezahlt, aber durch staatliche Zuschüsse refinanziert. Die Mitwirkung des Staates zeigt sich auch darin, dass an der Humboldt-Universität Studiengänge für evangelische, römisch-katholische und islamische Religionslehre angeboten werden. Der evangelische Religionsunterricht hat unter den Anbietern von Religions- und Weltanschauungsunterricht die höchste Teilnahmequote. Im Schuljahr 2018/19 erreichte er 21,6 % aller Berliner Schülerinnen und Schüler an allgemeinbildenden Schulen. Daneben gibt es römisch-katholischen Religionsunterricht, islamischen Religionsunterricht, jüdischen Religionsunterricht, der indes schwerpunktmäßig an den von der jüdischen Gemeinde getragenen Schulen erteilt wird. Dazu kommen alevitischer Religionsunterricht und buddhistischer Religionsunterricht (2018/19 mit einer Lerngruppe an einer Grundschule)[60]. Eine Berliner Besonderheit besteht darin, dass der humanistische Lebenskunde-Unterricht, der vom *Humanistischen Verband Berlin-Brandenburg KdöR* angeboten wird, der zweitgrößte Anbieter von Religions- und Weltanschauungsunterricht ist und 2018/19 18,3 % aller Schülerinnen und Schüler erreicht hat.[61]

Im Land *Brandenburg* ist das Fach LER (Lebenskunde, Ethik, Religion) das Pflichtfach der Klassenstufen 5–10 an den allgemeinbildenden Schulen.[62] Im Unterricht werden die Grundlagen für eine wertorientierte Lebensgestaltung vermittelt. Ethische Urteilsbildung, Wissensbestände und Traditionen der philosophischen Ethik, von Religionen und Weltanschauungen sind zentrale inhaltliche Aspekte. Das Schulgesetz sieht eine Informationspflicht der Schule über Ziele, Inhalte und Formen des LER-Unterrichts vor. Offenheit und Toleranz gegenüber den religiösen und weltanschaulichen Überzeugungen der Schülerinnen und Schüler sind Prämissen des bekenntnisfreien, religiös und weltanschaulich neutralen Fachs LER. Die Lehrkräfte werden an der Universität Potsdam ausgebildet. Es gibt allerdings die Möglichkeit zur Befreiung vom LER für den Fall, dass der Besuch des von den Religionsgemeinschaften angebotenen Religionsunterrichts gewünscht ist. Den Kirchen- und Religionsgemeinschaften wird nämlich das Recht eingeräumt, Religionsunterricht mit einer Mindestteilnehmerzahl von 12 Schülerinnen und Schülern in den Räumen der Schule anzubieten und durchzuführen. Die dafür nötigen Räume hat der Schulträger unentgeltlich zur Verfügung zu stellen. Der Religionsunterricht liegt in der Verantwortung der von den Kirchen und Religionsgemeinschaften beauftragten Personen, die über eine hinreichende Ausbildung verfügen müssen. Sie sind verpflichtet, den Unterricht nach verbindlichen Regularien und Vorgaben zu gestalten, die denen des staatlichen Unterrichtes gleichwertig sind. Auf dieser Basis wird evangelischer Religionsunterricht an ca. 50 % der Schulen im Land Brandenburg angeboten. Faktisch hat sich an dieser Stelle ein Wahlpflichtbereich herausgebildet. Neben dem evangelischen Religionsunterricht wird in Brandenburg Humanistischer Lebenskunde-Unterricht erteilt, der aber nicht in Konkurrenz zum LER steht und vielmehr eine zusätzliche Möglichkeit darstellt.[63]

Dass die Ausgestaltungen der „Bremer Klausel" in den Bundesländern Bremen, Berlin und Brandenburg nicht in Stein gemeißelt sind, zeigt die jüngste religionspolitische Entwicklung in Berlin. Hier hat die seit April 2023 amtierende Regierungskoalition aus *CDU* und *SPD* vereinbart, den Religionsunterricht zum Wahlpflichtfach aufzuwerten. Es heißt im Koalitionsvertrag: „Die Koalition strebt die Einführung eines Wahlpflichtfachs Weltanschauungen/Religionen als ordentliches Lehrfach an. In einem von fachlich ausgebildeten Lehrkräften erbrachten und von den Religions- und Weltanschauungsgemeinschaften inhaltlich gestalteten Unterricht können Kenntnisse über Religionen und Weltanschauungen vermittelt werden."[64] Dieser Beschluss hat die Vertreter der Religionsgemeinschaften zwar überrascht, wird von ihnen aber begrüßt. Ob man in Berlin den Weg gehen wird, den man in den Bundesländern Mecklenburg-Vorpommern, Sachsen, Sachsen-Anhalt und Thüringen gegangen ist oder ob man sich in die Richtung bewegen wird, in die man in Hamburg mit dem „Religionsunterricht für alle" gegangen ist, wird sich erst noch erweisen.

Zwischenfazit: Stabilität im Wandel

Der Religionsunterricht nach Maßgabe des Art. 7 Abs. 3 GG ist im gleichen Moment Grundmodell und eine Plattform für Verschiedenheit. Die Bestandsaufnahme zeigt weiter, dass es abgesehen vom Bundesland *Bremen* in keinem Bundesland eine religionsübergreifende und neutrale ‚Religionskunde' als Schulfach gibt. Vielmehr handelt es sich bei den Fächern LER (in Brandenburg) und Ethik (in Berlin) sowie bei den Ersatzfächern in den Bundesländern, in denen konfessioneller Religionsunterricht nach Art. 7 Abs. 3 unterrichtet wird, stets um *mixta composita*, in denen i. d. R. auch über die Religionen informiert wird. Sehr unterschiedlich ist die Zuordnung zu den entsprechenden Fächergruppen in den Schulen und die akademische Ausbildung der Lehrkräfte an den Universitäten.

Ein wichtiger Befund ist, dass vielfach Kinder insbesondere den evangelischen Religionsunterricht besuchen, die selbst (bzw. deren Eltern) gar nicht Mitglieder einer evangelischen Kirche sind. Zumindest der evangelische Religionsunterricht wird offensichtlich weithin als ein Angebot verstanden, das an alle interessierten Schüler gerichtet ist (und versteht sich selbst auch so, wie im nächsten Kapitel deutlich wird).[65] Die Reichweite des evangelischen Religionsunterrichts wird durch den konfessionell-kooperativen Religionsunterricht, der (in unterschiedlichen) Formaten faktisch weiträumig präsent ist, zunächst stabilisiert, weil er das Angebot für evangelischen und katholischen Religionsunterricht dort aufrecht erhalten kann, wo die unmittelbare Nachfrage aus den Konfessionen gering wird.

Ein Trend zur Einführung des islamischen Religionsunterrichts ist unverkennbar,[66] ebenso die religionsverfassungsrechtlichen und religionspolitischen Hindernisse, die dabei zu überwinden sind. Auch an dieser Stelle könnten die alternativen Lösungswege, die in Nordrhein-Westfalen und Hamburg beschritten wurden, für andere Bundesländer beispielgebend sein, zumal sich weder der ‚neutrale' Islamunterricht durchsetzen konnte noch aus religionsdemographischen Gründen der schulische Religionsunterricht ohne den Islam eine Zukunft haben wird.

Insgesamt zeigt sich auf dem Gebiet des schulischen Religionsunterrichtes eine Stabilität im Wandel. In ihm wird die wachsende religionskulturelle Pluralität religionspolitisch aufgegriffen und religionsunterrichtlich abgebildet, wo dies religionsdemographisch angezeigt ist und von den Akteuren auf Seiten der Religionsgemeinschaften und Eltern begehrt wird. Innerhalb des Modells von Art. 7 Abs. 3 GG haben sich dabei zuletzt vielgestaltige und bemerkenswerte Innovationsschübe ergeben, soweit dieses sich für neue Akteure und neue Formen der Kooperation öffnet – nicht zuletzt, weil hier Entwicklungen der Praxis nun auch institutionell und organisatorisch abgebildet werden sollen. Dieser Befund wird bestätigt, insofern ein Blick auf die unter dem Modell „Bremer Klausel" firmierenden Bundesländer zeigt, dass diese ihr Standardmodell „LER" (Brandenburg) und „Ethik" (Berlin) durch ein religionsgemeinschaftlich verantwortetes Angebot faktisch ergänzt haben, das eltern- und schülerseitig zunehmend auf Akzeptanz stößt. Bemerkenswert ist auch hier, dass das religionsgemeinschaftlich verantwortete

Angebot auf den Buddhismus hin geöffnet wurde. Insgesamt drängt sich der Eindruck auf, dass die religionsgemeinschaftliche Mitwirkung am staatlichen Religionsunterricht der Abbildung der wachsenden Pluralität der deutschen Religionskultur im Religionsunterricht nicht entgegensteht, sondern ihr förderlich ist. Auch die zwischen CDU und Bündnis 90/Die Grünen geschlossenen Koalitionsverträge der im Jahr 2022 in Schleswig-Holstein und Nordrhein-Westfalen gebildeten Landesregierungen bestätigen diesen Befund. Gleiches gilt für die Anfang 2024 in Hessen gebildete Landesregierung aus CDU und SPD. In allen genannten Vertragswerken bildet das Bekenntnis zum konfessionellen Religionsunterricht den Ausgangspunkt für „eine Öffnung hin zu interreligiösen Unterrichtsmodellen", wie es im „Zukunftsvertrag für Nordrhein-Westfalen" heißt, während es in Schleswig-Holstein einen „Runden Tisch" geben soll, an dem die Landesregierung „mit allen Beteiligten über eine Weiterentwicklung des Angebotes sprechen" will. Dabei sollen „veränderte Religionszugehörigkeit und wachsende Säkularität" berücksichtigt sowie der interreligiöse Dialog gestärkt werden.[67]

Gibt es für diese Stabilität im Wandel Gründe, die in der Sache „Religion" liegen? Das soll nun in Teil 3 untersucht werden.

III. Begründungslinien in Sachen Religionsunterricht

1. Die religionsverfassungsrechtliche Begründung. Religionsunterricht als statisches Modell?

a) Das Religionsverfassungsrecht sieht nach den Bestimmungen des Grundgesetzes den Religionsunterricht als geltendes Recht vor. Allerdings ersetzt eine solche biedere Feststellung natürlich nicht die sorgfältige Auseinandersetzung mit der Frage, was genau unter welchen Bedingungen hier geschützt ist. Insbesondere ist naheliegend, dass der Religionsunterricht „in die Zeit gestellt" ist und nicht etwa einen bestimmten historischen Rechtszustand von 1919 oder 1949 als unveränderliche Praxis sichern will: Sähe man das anders, wäre der gesamte Religionsunterricht der letzten ca. 60 Jahre verfassungswidrig.[68] Freilich ist hinter einem solchen konsentierten Ausgangspunkt höchst unsicher, wie breit und wie tief das Fundament ist, das die Verfassung dem Religionsunterricht gießt, wieweit dementsprechend religionspolitische Aufbauten zulässig sind.

Eine große Vielfalt ist für Schulfragen in Deutschland (in einem gewissen Korridor) der Normalfall, der schon aus der „Kultushoheit der Länder" folgt.[69] Anders als in einem Zentralstaat können die Bundesländer mit ihrem demokratischen Schulmandat unterschiedliche Schulformen, Schulfächer, Unterrichtsformen und didaktische Modelle verfolgen.[70] Dass nun aber in keinem Schulfach eine so große Vielfalt herrscht wie im Feld des Religionsunterrichts, erscheint als paradoxes Phänomen: Denn wir hatten ja eingangs festgestellt, dass der Religionsunterricht das einzige Schulfach ist, das bereits von der Verfassung festgeschrieben wird und dabei in seinen Grundelementen auch schon durch die Verfassung festgelegt wird. Vor allem die immer wieder aufgerufene Formel der „konfessionellen Positivität und Gebundenheit" (*Anschütz*) lässt vermuten, dass der Spielraum zulässiger Modelle eigentlich enger ist als sonst im Schulbereich. Die verfassungsrechtliche Garantie des Religionsunterrichts hat sozusagen eine natürliche Kehrseite: Sie ist an Voraussetzungen gebunden, die nicht einfach übergangen werden dürfen, wenn das Privileg des Religionsunterrichts nicht verspielt werden soll.

Daher kommt dem unmittelbar verbindlichen rechtlichen Rahmen für die Frage des Religionsunterrichts aus verfassungsstrukturellen Gründen eine größere Rolle zu, als das sonst in Schulsachen der Fall ist. Und dem entspricht, dass diejenigen Praxismodelle, die von der Formel konfessioneller Geschlossenheit (in Hinblick auf Teilnehmer wie Inhalte) abweichen, vielstimmiger staatskirchenrechtlicher Kritik begegnen.[71] Sie richtet sich insbesondere gegen besonders exponierte Veränderungen,[72] aber oftmals auch gegen pragmatische Abweichungen von dem Modell der einhändigen Bestimmung von Inhalt und Teilnehmerzahl durch eine Konfession, wie es insbesondere aus den oben bereits geschilderten Maßgaben des Bundesverfassungsgerichts abgeleitet wird.

Um den religionspolitischen Spielraum der Gestaltung bzw. die Berechtigung solcher Kritik einzuordnen, ist nun zunächst zu berücksichtigen, dass gerade nach dem Argumentationsgang des Bundesverfassungsgerichts auch die *Veränderlichkeit des Religionsunterrichts* eine sogar ausdrücklich festgelegte Ausgangsbedingung ist. Ergänzend zu seinen Vorgaben zu Organisation und Zulässigkeit[73] hatte das Bundesverfassungsgericht 1987 festgehalten:

„Trotz vielfältiger Meinungsunterschiede in den Einzelheiten besteht nämlich zu Recht weitgehend Einigkeit darüber, daß Art. 7

1. Die religionsverfassungsrechtliche Begründung 37

Abs. 3 GG es zuläßt, Veränderungen der Lebenswirklichkeit Rechnung zu tragen (...). Zu diesen gehört auch, daß unter dem Einfluß neuerer religionspädagogischer Ansätze die Information auch über andere Bekenntnisse als Bestandteil des schulischen Bildungsauftrages betrachtet und eine diesem Ziel entsprechende beweglichere Form der Darbietung des Religionsunterrichts befürwortet wird. (...) Ändert sich deren (der Kirchen) Verständnis vom Religionsunterricht, muß der religiös neutrale Staat dies hinnehmen. Er ist jedoch nicht verpflichtet, jede denkbare Definition der Religionsgemeinschaften als verbindlich anzuerkennen. Die Grenze ist durch den Verfassungsbegriff ‚Religionsunterricht' gezogen (v. Campenhausen, DVBl. 1976, S. 609 [611] ...). Auch wenn dieser Begriff nicht in jeder Hinsicht festgelegt ist, sondern wie der übrige Inhalt der Verfassung ‚in die Zeit hinein offen' bleiben muß, um die Lösung von zeitbezogenen und damit wandelbaren Problemen zu gewährleisten (v. Campenhausen, a. a. O.), verbietet sich eine Veränderung des Fachs in seiner besonderen Prägung, also in seinem verfassungsrechtlich bestimmten Kern. Deshalb wäre eine Gestaltung des Unterrichts als allgemeine Konfessionskunde vom Begriff des Religionsunterrichts nicht mehr gedeckt und fiele daher auch nicht unter die institutionelle Garantie des Art. 7 Abs. 3 Satz 1 GG. (...) Seine Ausrichtung an den Glaubenssätzen der jeweiligen Konfession ist der unveränderliche Rahmen, den die Verfassung vorgibt. Innerhalb dieses Rahmens können die Religionsgemeinschaften ihre pädagogischen Vorstellungen über Inhalt und Ziel des Religionsunterrichts entwickeln, denen der Staat auf Grund des Übereinstimmungsgebots des Art. 7 Abs. 3 Satz 2 GG Rechnung tragen muß."[74]

Das Bundesverfassungsgericht als normativer Interpret der Verfassung stellt also – sozusagen auf einer Meta-Ebene – eine relative Flexibilität des Grundgesetzes fest, indem Möglichkeiten der Veränderung wie auch deren Grenzen markiert werden. Für unsere heutigen Debatten ist interessant, dass diese abstrakte Position dann an zwei Elementen erprobt wird, die für die damalige Zeit – die 1970er/1980er-Jahre – im Mittelpunkt standen: Die Zulassung konfessionsfremder Schüler sowie die Umgestaltung des Unterrichts weg von einer Glaubensunterweisung hin zu einem (erziehungs-)wissenschaftlich geprägten Schulfach:

„Unter Geltung der Weimarer Reichsverfassung wurde wegen der konfessionellen Gebundenheit des Religionsunterrichts als selbstverständlich vorausgesetzt, daß nur Schüler der betreffenden Konfession am Religionsunterricht teilnehmen. Der Gedanke, daß sich ein Kind zum Unterricht eines fremden Bekenntnisses anmelden könnte, lag den Schöpfern dieser Verfassung – aber auch denen des Grundgesetzes – fern (...). Ob und inwieweit sich aus dieser vorausgesetzten Konfessionalität des Unterrichts auch ein verfassungsrechtliches Prinzip der konfessionellen Homogenität der Schüler ableiten läßt, ist umstritten, bedarf hier jedoch keiner Klärung. Trotz vielfältiger Meinungsunterschiede in den Einzelheiten besteht nämlich zu Recht weitgehend Einigkeit darüber, daß Art. 7 Abs. 3 GG es zuläßt, Veränderungen der Lebenswirklichkeit Rechnung zu tragen. Zu diesen gehört auch, daß unter dem Einfluß neuerer religionspädagogischer Ansätze die Information auch über andere Bekenntnisse als Bestandteil des schulischen Bildungsauftrages betrachtet und eine diesem Ziel entsprechende bewegliche Form der Darbietung des Religionsunterrichts befürwortet wird. Die geordnete Teilnahme von Schülern einer anderen Konfession am Religionsunterricht ist daher verfassungsrechtlich unbedenklich, solange der Unterricht dadurch nicht seine besondere Prägung als konfessionell gebundene Veranstaltung verliert. (...) Deshalb wäre eine Gestaltung des Unterrichts als allgemeine Konfessionskunde vom Begriff des Religionsunterrichts nicht mehr gedeckt und fiele daher auch nicht unter die institutionelle Garantie des Art. 7 Abs. 3 Satz 1 GG. Andererseits kann das Verlangen, der Unterricht müsse ein ‚dogmatischer' sein, zumindest heute nicht mehr so verstanden werden, daß er ausschließlich der Verkündigung und Glaubensunterweisung diene. Er wird vielmehr auch als ein auf Wissensvermittlung gerichtetes, an den höheren Schulen sogar wissenschaftliches Fach angesehen, das in die Lehre eines Bekenntnisses einführt, vergleichenden Hinweisen offenbleibt und zugleich Gelegenheit bietet, mit dem Schüler grundsätzliche Lebensfragen zu erörtern."

Wenn man in dieser Weise die vielschichtigen Aussagen des Bundesverfassungsgerichts zusammenstellt, lässt sich zunächst sagen: In der damaligen (zweiten) Hochzeit der homogenen Ko-

1. Die religionsverfassungsrechtliche Begründung 39

operation zwischen Staat und Kirchen wird den beiden großen Amtskirchen[75] – nur diese beiden hat das Gericht in der Entscheidung im Blick, wenn es unbefangen von „Kirchen" statt von Religionsgemeinschaften spricht – ein sehr weitgehender Bestimmungsrahmen über den Religionsunterricht eingeräumt. Sie können den Religionsunterricht öffnen, sowohl für konfessionsfremde Schüler wie für religionskundliche Inhalte, ohne dass der Sondercharakter des Unterrichts in Frage gestellt wird. Im Gegenteil: Durch die Rückbindung an das Selbstbestimmungsrecht der Religionsgemeinschaften wird unausgesprochen der (damals ebenfalls viel besprochenen) pädagogischen Autonomie als Bestimmungsmacht im Religionsunterricht eine Absage erteilt.[76] Der Religionsunterricht bleibt außengeleitet, hierarchisch geordnet durch das inhaltliche Bestimmungsrecht der Kirchen – und ihnen wird zugleich die damals von ihnen gewünschte inhaltliche und organisatorische Flexibilität, also die Abweichung vom überkommenen Modell des Religionsunterrichts, zugestanden: Sie können konfessionsfremde Schüler zulassen, für diese entsteht daraus aber kein Vertrauensschutz, es bleibt bei einem jederzeit aufkündbaren Gastrecht.

Im historischen Kontext sind also zwei Deutungsebenen in Bezug auf das Urteil von 1987 naheliegend: Konkret werden alle durch die Kirchen selbst initiierten oder zugelassenen Veränderungen akzeptiert. Abstrakt wird zusätzlich ein Rahmen formuliert, in dem sich diese und weitere Veränderungen bewegen müssen. Dabei ist immerhin bemerkenswert, dass als Leitsatz nur die konkrete Ebene, nämlich das Bestimmungsrecht über die Zulassung konfessionsfremder Schüler in der Entscheidung aufgenommen wurde; auch insoweit ist nicht naheliegend, aus den abstrakten Erwägungen unbeweglich-statische Maßgaben abzuleiten.

Das Bundesverfassungsgericht hat eines jedenfalls nicht getan: Eine bestimmte konkrete Form des Religionsunterrichts als verfassungsrechtliches Modell festgeschrieben. Ganz im Gegenteil wurden die signifikanten Neuerungen, die der Religionsunterricht seit 1949 erfahren hatte, als zulässige Ausgestaltung anerkannt. Wenn diese historische Kontingenz bedacht wird, liegt es ganz fern, dass nun gerade der 1987 festgestellte Stand diejenige Maßstabs-Rolle einnehmen kann, die der Zustand von 1919 oder 1949 nicht haben sollte. Zu trennen ist also eine bestimmte zeitgebundene Form des Unterrichts von den Maßstäben, denen sie genügen muss. Genauer gesagt: Der Religionsunterricht von 1987 ist kein verfassungsrechtlicher Maßstab, sondern nur eine mögliche Anwendung des verfassungsrechtlichen Maßstabs. Eine Argumentation, die Begründungslasten für Abweichung und Übereinstimmung ausgehend von diesem Modell verteilt, begeht einen Kategorienfehler. Denn es lässt sich seriös schon gar nicht sagen, welches Modell damit genau gemeint sein sollte.

b) Um einen handhabbaren verfassungsrechtlichen Maßstab für die Religionspolitik in Sachen Religionsunterricht zu bestimmen, ist es daher erforderlich, grundsätzlicher anzusetzen. Die Sonderstellung des Religionsunterrichts muss dafür im Ganzen sowohl des Religionsverfassungsrechts wie des Schulverfassungsrechts verortet werden.

Eine erste wichtige Linie ergibt sich aus der *Sonderstellung des Religionsunterrichts in der föderalen Gesamtordnung* des deutschen Verfassungsrechts. In Deutschland liegen nach dem Bundesstaatsprinzip die Zuständigkeiten für Gesetzgebung und Verwaltung grundsätzlich bei den Ländern und nicht bei der Bundesebene (siehe Art. 30, 70, 83 ff. GG). In der Verfassungspraxis hat trotzdem im Allgemeinen die Bundesgesetzgebung (inzwischen) eine ganz dominante Bedeutung: Das liegt vor allem daran, dass Gesetzgebungskompetenzen des Bundes, die im Grundgesetz einzeln aufgezählt sind,[77] sehr umfassend verstanden und ausgelegt werden (z. B. „Recht der Wirtschaft" oder „Fürsorge").[78] Im Schulbereich allerdings gilt nun die eigentliche Regel von der Zuständigkeit der Länder weiterhin, nicht die „Gegenregel" von der praktischen Dominanz des Bundesgesetzesrechts. *Schulrecht ist nach wie vor in den inneren Schulangelegenheiten Ländersache,* koordiniert durch die Kultusministerkonferenz, bei der der Bund nur einen Gaststatus hat.[79]

Innerhalb dieser Regel „Schulrecht ist Ländersache" bildet nun der Religionsunterricht eine gut sichtbare Ausnahme. Das Grundgesetz hat in Art. 7 GG in Bezug auf den Religionsunterricht eine materielle Festlegung getroffen, ansonsten enthält die Vorschrift (letztlich als Fremdkörper im Verfassungsabschnitt „Grundrechte", Art. 1–19 GG) nur die Regelung über die „staatliche Schulaufsicht" sowie die Garantie von Privatschulen. Die Vorschrift des Art. 7 GG ist deshalb so überkomplex geraten, weil in ihr die viel ausführlicheren Bestimmungen der Weimarer Verfassung 1919 (Art. 143–149 WRV) zum Schulverfassungsrecht quasi eingedampft wurden. Anders als in Weimar gibt es kein bundesstaatliches Gesamtkonzept, sondern mit der Schulaufsicht nur einen Platzhalter für das umfassende Schulmandat, das aber den Ländern zufällt (Abs. 1), sowie die Absicherung eines institutionellen Gegengewichts zum staatlichen Schulwesen durch die Garantie der staatsfreien Schulen unter besonderer Berücksichtigung der Bekenntnisschulen (Abs. 4 und 5). Der mittig platzierte Religionsunterricht ist sozusagen das Verbindungsstück zwischen diesen beiden Welten, weil er das staatsfreie Element des Religiösen auch für die staatlichen Schulen garantiert.

Diese religionsbezogene „Schulverfassung in a nutshell" ist bekanntlich die kleine Version der großen Kompromisse, die die Koalition der Weimarer Nationalversammlung zur Schulfrage 1919 vereinbarte.[80] Damals hatten die verfassungsstützenden Partner SPD, Zentrum und liberale Demokraten ganz unversöhnliche Grundanschauungen gerade zur Schulfrage zu bewältigen: Für die Sozialdemokraten ging es darum, die Rolle der Kirche in der öffentlichen Schule endgültig zu beseitigen, also die Evolution des 19. Jahrhunderts zu einem klaren Schlusspunkt zu führen. „Staatliche Schulaufsicht" sollte vor allem heißen: Keine geistliche Schulaufsicht mehr, was auch ganz ausdrücklich festgeschrieben wurde.[81] Ganz im Gegensatz dazu kämpfte das katholische Zentrum gegen die Verweltlichung des Schulwesens – die allgemeine öffentliche Schule war seit Jahrhunderten durch die Kirche geführt worden und hatte in der religiösen Bildung ihre eigentliche Mitte gefunden, was keineswegs aufgegeben werden durfte. Die umfassenden Artikel zum Reichsschulwesen versuchten beiden Grundanschauungen gerecht zu werden, indem etwa die überkonfessionelle Gemeinschaftsschule als Regeltypus vorgesehen wurde, Eltern aber eine (staatliche!) Bekenntnisschule verlangen konnten (Art. 146 Abs. 1 und 2 WRV); zugleich wurden viele Entscheidungen auf ein noch zu erlassendes Reichsschulgesetz vertagt (Art. 174 WRV).[82] In dieser Gemengelage war die *Festschreibung des Religionsunterrichts als Pflichtfach* in den öffentlichen Schulen ein bedeutsames *Element des wechselseitigen Ausgleichs*: Einerseits war er nicht mehr geradezu die Systemmitte des Volksschulwesens, wie dies zuvor in einer langen Traditionslinie angenommen werden konnte.[83] Andererseits war mit dem Religionsunterricht der Fuß der Kirchen in der Schultür gesichert – sie blieben Akteur des Schulgeschehens, mit grundsätzlich (fast) gleichen Rechten wie der Staat in seinen Schulfächern. Diese Konstruktion des Religionsunterrichts ist institutionell ein vollgültiges Element des Weimarer Staatskirchenrechts, das auch sonst den Mittelweg zwischen Trennung von Staat und Kirche (Art. 137 Abs. 1 WRV) und öffentlich-rechtlicher Anerkennung der Kirchen (Art. 137 Abs. 5 WRV) beschritt. Auf dieser Grundlage konnte zumindest die offene Feindschaft der Kirchen gegenüber der Republik vermieden werden – allerdings wurden diese Bestimmungen von ihnen damals nicht als großzügige Privilegierung, sondern zunächst ganz überwiegend als Verfallserscheinung gegenüber dem bisherigen milden Staatskirchentum angesehen.[84]

Diese Situation ist dann 1949 in ambivalenter Weise anders: Die Kirchen sahen sich nach dem Untergang des Nationalsozialismus erst recht mit einem starken Mandat in Erziehungsfragen ausgestattet. Die Zurückhaltung auf Bundesebene begründete sich eher daraus, dass insgesamt die Länder als die entscheidende Größe für diese Fragen angesehen wurden – und hier vielfach zunächst auch eine deutliche Retraditionalisierung hin zu Bekenntnisschulen gelang, die im Dritten Reich untergegangen waren.[85]

Damit finden wir zu Beginn der Bundesrepublik eigentlich eine Lage vor, wie sie nach 1919 zwar nicht der Verfassungsprogrammatik, aber der tatsächlichen Verfassungslage entsprach: Weit überwiegend waren in (West-) Deutschland zunächst erneut die von den Ländern (wieder) eingerichteten *Volksschulen mit Bekenntnisbindung* vorzufinden, und sie wurden in den 1950er Jahren auch von der übergroßen Mehrheit der Schülerinnen und Schüler besucht, bevor sie nach acht oder neun Schuljahren in das Berufsleben eintraten. In dieser Bekenntnisschule war der Religionsunterricht immer noch und wieder eine natürliche Mitte, weil er die gesamte Schülerschaft versammelte und die tragende Gemeinsamkeit der Schulidee repräsentierte. In der Institution der Bekenntnisschule war die „konfessionelle Positivität" quasi die Geschäftsgrundlage des gesamten Schulehaltens.[86] Allerdings setzte schon in den 1950er Jahren, ausgehend von Niedersachsen, die Erneuerung des Schulwesens mit der interkonfessionellen Gemeinschaftsschule als neuem Standard ein.[87] Bis zum Ende der 1960er Jahre war diese Umformung (mit der quantitativ bedeutsamen Ausnahme Nordrhein-Westfalen) abgeschlossen, in Bayern etwa einschließlich Verfassungsänderung und Volksabstimmung.[88] Auf dieser neuen Realität setzten dann die bedeutsamen Entscheidungen des Bundesverfassungsgerichts zur positiven religiösen Toleranz im Schulwesen auf.[89] Zugleich musste dem *Religionsunterricht in dieser neuen Gemeinschaftsschule eine neue Rolle* zuwachsen: Er war nun nicht mehr die Sinnmitte der Schulgemeinschaft, sondern vielmehr ein natürliches Trennungselement, weil die konfessionell gemischten Klassengemeinschaften im Religionsunterricht konzeptionell auseinandertreten mussten. Hinzu kam als weiterer Faktor ab den 1970er-Jahren ein allmählich wachsender Anteil religionsfremder bzw. religionsfreier Schülerinnen und Schüler. Die Öffnung des Religionsunterrichts etwa für „Gäste" und „religionskundliche Elemente" war mit anderen Worten schon damals nicht eine rein didaktisch begründete Entscheidung, sondern reagierte auf die insgesamt massiv veränderten Schul- und Lebenswelten.

Vor diesem durchaus schillernden Hintergrund lässt sich klarer fassen, was den *Kern des Religionsunterrichts* ausmacht, ja verfassungsrechtlich ausmachen muss. Er findet sich gerade nicht in einer bestimmten äußeren Gestaltung, weil tatsächlich deren Veränderlichkeit seit 100 Jahren ein Grundfaktum des Religionsverfassungsrechts ist. Seine Besonderheit liegt eine Ebene „tiefer" bzw. „höher" (je nach Perspektive) darin, dass hier ein Gestaltungsmandat vorliegt, auf dass der demokratische Gesetzgeber nicht zugreifen kann. Konkret ist den staatlichen Stellen dieser Zugriff versperrt, weil der Staat der Bundesrepublik keine „Staatskirche" kennt (Art. 137 Abs. 1 WRV) und sich also mit anderen Worten religiös neutral zu verhalten hat.[90] Das heißt, dass ihm Aussagen zu religiöser Wahrheit aus prinzipiellen Gründen nicht zustehen – denn sie sind weder dem äußerlichen Beweis noch der demokratischen Mehrheitsentscheidung zugänglich und fallen damit aus dem Raster der üblichen Begründungen staatlichen Handelns heraus. Da es sich ja aber beim Religionsunterricht gerade „auch" um staatlichen Unterricht handelt (und eben nicht um eine quasi private Veranstaltung der Religionsgemeinschaften), benötigt der Religionsunterricht eben doch eine Begründung – und diese Begründung muss parallel zu staatlichen Kompetenzen positiv belegt werden und vor allem auch in ihren Grenzen erkennbar werden. Nicht möglich wäre es also, den Religionsgemeinschaften in der Schule praktisch eine freie Plattform anzubieten, die sie mit jeder beliebigen Gestal-

1. Die religionsverfassungsrechtliche Begründung

tung füllen können. Dies wäre ein verfassungswidriges Privileg, das mit dem Status des ordentlichen Unterrichtsfachs nicht vereinbart werden könnte (und im Übrigen auch nicht von den Zugriffswünschen aller möglichen gesellschaftlichen Akteure abzugrenzen wäre). Es lässt sich daher ableiten:

Erst die verfassungsrechtliche Grenze des Staats – das ausdrückliche Verbot staatlicher Wahrheit in Religionsfragen – eröffnet den Zutritt der Religionsgemeinschaften in die Schule; und anders gewendet ist der Anspruch religiöser Wahrheit, den die Religionsgemeinschaften für sich reklamieren, die Bedingung dieses Zutritts. Deshalb können die Religionsgemeinschaften von dem Anspruch auf religiöse Wahrheit auch nicht absehen, wenn sie nicht ihr Zutrittsrecht zur staatlichen Schule verlieren wollen. Alle sonstige Nützlichkeit des Religionsunterrichts könnte der Staat mehr oder weniger ebenso gut eigenhändig für sich beanspruchen. Erst und nur die *wechselseitige Bedingung von (staatlichem) Wahrheitsverbot und (religiöser) Wahrheitsverpflichtung* ist für den modernen Verfassungsstaat der Gegenwart die strukturell zutreffende Fortführung eines Arrangements, das ursprünglich vor gut 100 Jahren als äußerliche Kompromissformel gesetzt worden war.

Diesen inneren Kern des Religionsverfassungsrecht hat das Bundesverfassungsgericht 1987 zurecht herausgearbeitet, als es die tatsächlichen Änderungen der damaligen Zeit akzeptiert hat: *Das Mandat Religionsunterricht ist den Religionsgemeinschaften nicht zur freien Hand übertragen, sondern auf deren inneren Auftrag, auf die Sache der Religion als solche, verwiesen.* Von dieser Bindung streng zu trennen sind aber die Festlegungen, nur ein ganz bestimmter äußerer Zustand des Religionsunterrichts stimme mit diesem Anspruch wesensmäßig überein. Für eine solche statische Gebundenheit lässt sich weder das Grundgesetz noch das Bundesverfassungsgericht in Anspruch nehmen.

Die religionsverfassungsrechtliche Begründungslinie für den religionsgemeinschaftlich verantworteten Religionsunterricht als ordentlichem Unterrichtsfach führt also auf ein Spannungsfeld, das sich zwischen der grundgesetzlichen Garantie des ordentlichen Lehrfachs und dessen zeitgemäßer Gestaltung aufspannt, sofern diese nach den Grundsätzen der Religionsgemeinschaften und durch diese selbst erfolgt. Diese Spannung ergibt sich bereits aus der Freiheit stiftenden Verkoppelung *von (staatlichem) Wahrheitsverbot und (religiöser) Wahrheitsverpflichtung.* In gewisser Weise nehmen die folgenden Perspektiven diese bewusst schlichte Kategorie der religiösen Wahrheit notwendig auf und entwickeln sie jeweils auf ihre Art weiter. Ein statisches Missverständnis der verfassungsrechtlichen Ausgangslage wird vermieden, wenn man die wandelbaren Kontexte beachtet und heranzieht. So waren es in historischer Perspektive die christlichen Kirchen und die durch sie repräsentierte Kultur des Christentums, die die deutsche Religionskultur maßgeblich beeinflussten und die somit die Gestaltung des schulischen Religionsunterrichts bestimmt haben (→ 2.). Auch lässt sich die Verortung des Religionsunterrichts in der Gesamtanlage des Schulwesens als historischer Vorgang nochmals genauer beschreiben, wenn dafür die Akteure Staat, Schule in ihrem Eigensinn und Kirche in den Blick genommen werden (→ 3.). Gegenwärtig kommen neue Akteure hinzu. Wirksam bei der Gestaltung des Spannungsfeldes ist das dabei vorausgesetzte Verständnis des *homo religiosus,* das allerdings in der wissenschaftlichen und gesellschaftlichen Diskussion im Fluss ist (→ 4.). Gleiches gilt für den Stand des sozialisations- und bildungstheoretischen Diskurses, der für die Einbettung des RU in den schulischen Erziehungs- und Bildungsauftrag maßgeblich ist (→ 5.). Die Kirchen bzw. Religionsgemeinschaften greifen bei der theologischen Selbstbeschreibung ihrer Mitwirkung am Religionsunterricht als ordentlichem Lehrfach auf diese Begründungslinien zurück, artikulieren ihre Wahrheitsverpflichtung jedoch mit Rücksicht auf anthropologische, religions-, sozialisations- und bildungstheoretische Leitannahmen und leisten wichtige Beiträge zur Ausgestaltung dieses Spannungsfeldes, die für andere, neue Akteure und Konstellationen Beispiel gebend sein können (→ 6.). Zu spiegeln sind diese Begründungsgänge abschließend an den Gegenkonzepten, die zum Religionsunterricht vorliegen (→ 7.).

2. Die kulturstaatliche Begründung: Staatsethische ‚Zivilreligion'?

In der Weimarer Nationalversammlung wurden sehr heterogene Vorstellungen miteinander vermittelt, die schon die Diskurse über die Bedeutung des Religionsunterrichts gegen Ende des ‚langen' 19. Jahrhunderts geprägt hatten, auf die hier kurz eingegangen werden soll. Mitentscheidend für die in Weimar getroffene Entscheidung war das kulturstaatliche Argument, das in den Verhandlungen im zuständigen Ausschuss u. a. von dem evangelischen Theologen Adolf von Harnack (1851–1930) eingebracht wurde, der als Abgesandter der Reichsregierung an den Verhandlungen beratend mitwirkte. Er plädierte für ein Staatsverständnis, dass die kulturellen Leistungen der christlichen Kirche anerkennt und im Erziehungssystem berücksichtigt. „Es steckt doch eine außerordentliche große ideale Erziehungskraft in dem, was die Kirche leistet und was sie auch für das Ganze leistet, so daß wir sie nicht mit irgendwelchen Kegelgesellschaften auf eine Stufe stellen dürfen."[91] Der Verweis auf die „außerordentliche große ideale Erziehungskraft" begründete Harnacks Forderung, auf der Basis der von allen politischen Kräften gewollten Trennung von Staat und Kirche den Religionsgesellschaften eine hervorgehobene rechtliche Bedeutung zu ermöglichen und mit dem schulischen Religionsunterricht eine gemeinsame Ebene von Staat und Kirchen zu etablieren. Darüber hinaus wurden in der Verfassung weitere sog. *res mixtae* für die Bereiche Universitäten und Anstaltsseelsorge festgeschrieben. Dabei stellt die Verfassung alle religiösen und weltanschaulichen Gesellschaften gleich, was von Harnack ausdrücklich begrüßt wird: „Alle idealen Bestrebungen helfen und dulden sich gegenseitig."[92]

Das kulturstaatliche Argument, das den Staat und die organisierte Religion auf der Basis von Trennung positiv aufeinander bezieht, gewinnt Konturen vor dem Hintergrund der altliberalen Einsicht, die die staatliche Macht an der Freiheit der im Staatsverband vereinigten Individuen begrenzt, die wiederum als in einer vorstaatlichen Weise miteinander verbunden gedacht werden, damit sie überhaupt als in der Gesellschaft und im Staatsverband kooperationsfähig und -willig gelten können. Diese sozialmoralische Aufgabe wird klassischer Weise der Religion zugewiesen. In der kulturellen Tradition des westlichen Abendlandes ist es das Christentum, das die Menschen im Glauben an Gott zugleich aufeinander verweist. In der römisch-katholischen Soziallehre wird dieser Gedanke naturrechtlich durchgeführt und die Macht des Staates durch den Gedanken der Subsidiarität, die die kleinen gesellschaftlichen Einheiten, insbesondere die Familien, frei vom staatlichen Einfluss denkt, begrenzt. In der reformatorischen Tradition führt die Lehre von den zwei Regierweisen Gottes aus, dass die Menschen innerhalb der weltlichen und der geistlichen Ordnung miteinander verbunden sind und in ihnen leben, darin aber unterschiedlichen Funktionsweisen ausgesetzt sind. Kirche(n) und weltliche Obrigkeit dienen Gott auf je ihre Weise und begrenzen sich wechselseitig. Die weltliche Obrigkeit ist nur für die äußere Ordnung zuständig, die geistige Obrigkeit verrichtet ihr Amt durch die Predigt des göttlichen Wortes. Beide begrenzen ihren Einfluss am Gewissen des Einzelnen, das unantastbar ist. Das Gebot der Nächstenliebe wiederum verweist die Gewissen der Christenmenschen auf die staatlichen Strukturen, die ein menschliches Miteinander in friedlicher Ordnung ermöglichen sollen. Umgekehrt soll der

2. Die kulturstaatliche Begründung

christliche Fürst neben seinem Regierungshandeln zugunsten des Wohls und des Nutzens seiner Untertanen die *cura religionis* besorgen. Entsprechend hat Luther die Obrigkeiten dazu angehalten, ein Schulwesen zu etablieren, in dem die religiöse Bildung ein fester Bestandteil ist.[93]

Diese obrigkeitliche *cura religionis* war in der Reformationszeit und in der auf den Westfälischen Frieden mit seinem Grundsatz *cuius regio eius religio* folgenden Epoche auf die monokonfessionell geprägten Territorien bezogen. Nach dem Reichsdeputationshauptschluss und der Etablierung gemischtkonfessioneller Territorien blieb die religiöse Bildung Aufgabe staatlicher Steuerung, auch unter der Bedingung einer zunehmenden Trennung von Staat und Kirche, die bereits im 19. Jahrhundert – erst programmatisch, dann real – angebahnt wurde. Im bewussten Gegensatz zu den rationalistischen bzw. naturrechtlichen Staatstheorien, wie sie etwa in Frankreich mit religionskritischer Absicht vertreten wurden, schätzte man in Deutschland auf der Basis historischer Staatstheorien die kulturelle Prägekraft der christlichen Religion und ihre Bedeutung für die Bildung der deutschen Nation und für die staatliche Einheit. Diese kulturelle Bedeutung umgreift die konfessionelle Differenzierung in die römisch-katholische Kirche, die reformierten und lutherischen Kirchen. Insofern hat etwa für den Theologen, Philosophen und Pädagogen Friedrich Schleiermacher (1768–1834) der Staat ein Interesse daran, dass die Bürger in diesem Sinne religiös sind und dass die Kirchen auf je ihre Weise die religiöse Erziehung leisten. „Der Staat will, dass man einer Religion angehört, sei sie nun katholisch oder protestantisch, aber diese Gleichgültigkeit kann er sich eben nur leisten, weil er selbst – zumindest vorläufig – als Repräsentant einer zwar weniger konkreten, aber dafür umfassenderen Gemeinschaft im symbolischen Leben zu stehen kommt, eben als christlich grundierter Kulturstaat."[94] Dieser christliche Kulturstaat ist im 19. Jahrhundert auf die Kirchen bezogen, mit ihnen hochanteilig verwoben und unterhält die

Theologischen Fakultäten an den Universitäten zur Ausbildung der Geistlichen und Lehrkräfte und organisiert den schulischen Religionsunterricht, der bis zur Revolution 1918 unter kirchlicher Aufsicht steht.

Gegen Ende des Kaiserreichs gerät diese Konfiguration in eine politische Legitimationskrise, die nicht unwesentlich durch die philosophische Religionskritik und die sozialistische Kritik an den Kirchen ausgelöst ist. Als in Frankreich unter dem Schlagwort Laïcité im Jahre 1905 die radikale Trennung von Staat und Kirche eingeführt wurde, hat der Theologe Ernst Troeltsch (1865–1923) im nahe zur französischen Grenze gelegenen Heidelberg diese Entwicklung zum Anlass genommen, grundsätzlich das Verhältnis von Staat und Religionsgemeinschaften auszuloten und dabei mit dem schulischen Religionsunterricht und den Theologischen Fakultäten zwei wichtige Kooperationsgebiete fokussiert.[95] Die religionspolitische Entscheidung des französischen Gesetzgebers deutet er als Ausdruck eines grundlegenden Antagonismus, der die europäische Geistes- und Realgeschichte von je her bestimmt habe. Auch der Kulturkampf der preußischen Regierung unter Führung von Otto von Bismarck gegen die römisch-katholische Kirche sei Ausdruck dieser Entgegensetzung von politischer Ordnung und religiösem Glauben: „Das Verhältnis von Staat und Kirche ist in seinem Wesen irrational."[96] Beide Sphären sind in je unterschiedlicher Weise auf den Menschen bezogen und wollen sich seiner bemächtigen. Die Sorge für ein umfassendes Bildungssystem wird als staatliche Aufgabe angesehen. Die allgemeine Schulpflicht für Kinder und Heranwachsende wird als konsequente Umsetzung dieser Aufgabe betrachtet. Dass auch die religiöse Erziehung in die Schule gehört, ist seit der Reformationszeit eine in Deutschland gängige Einsicht. In fortgeschritten differenzierten Gesellschaften entsteht hier freilich eine Spannung: Denn umgekehrt sehen die Kirchen in der (religiösen) Erziehung das ureigenste Recht der Familien, weil es hier um das Gewissen der Einzelnen und den

2. Die kulturstaatliche Begründung

Aufbau von Individualität geht, die im Kern in der Beziehung der Menschen zu Gott verankert sind und in die die Obrigkeit und der Staat erst nachrangig eintreten. „Es ist das Verhältnis zweier Souveränitäten, die sich nicht entbehren und doch auch nicht ertragen können, einer weltlichen Macht und Rechtsorganisation, die für ihr Volk die seelischen Kräfte der Religion braucht und doch durch die Religion in der Konsequenz ihres Macht- und Rechtsgedankens sich nicht stören lassen kann und einer geistlichen Gedanken- und Seelenorganisation, die die materielle Macht und die Hilfe des Rechts nicht entbehren und doch in ihrem höchsten Werte vom Staat nicht hineinreden lassen kann."[97] Troeltsch versteht das Verhältnis des modernen Machtstaates und der verselbständigten Kirchen als Kampfplatz, auf dem sie um die Menschen konkurrieren. Diese gleichzeitige Inkommensurabilität und Aufeinanderverwiesenheit von Staat und Religion kann nicht aufgelöst, sondern nur durch politische Maßnahmen gestaltet werden.

Diese Notwendigkeit hat Troeltsch 1907 und ein zweites Mal nach der Revolution in Deutschland 1918 bedacht und daraus – jeweils etwas anders gelagerte – politische Konsequenzen gezogen. In der Revolutionszeit hat er vor dem Hintergrund der drastischen religionskritischen Maßnahmen einiger Revolutionsregierungen in den deutschen Ländern den Antagonismus von Staat und Religion noch einmal zugespitzt und dabei direkt den schulischen Religionsunterricht, der damals zwischen den politischen Akteuren höchst umstritten war, fokussiert: „Staatsschule und religiöse Gewissensfreiheit, einheitliche Schulerziehung und -bildung und religiöse Individualkultur scheinen sich gegenseitig auszuschließen."[98]

Die von ihm bereits 1907 favorisierte Trennung von Staat und Kirche erscheint ihm 1919 nicht nur unvermeidlich, sondern auch von der Sache her geboten. Er führt vier Argumente an, von denen das vierte für ihn systematisch ausschlaggebend ist. *Zunächst* muss die neue politische Ordnung der faktischen

Pluralität der Religionskultur und der Gleichheit ihrer Akteure Rechnung tragen, daher kann es keine Staatsreligion oder -kirche mehr geben. *Sodann* muss der religionssoziologische Befund einer fortschreitenden Säkularisierung im Selbstverständnis des Staates abgebildet werden, der sich nicht mehr im Sinne einer religiösen Tradition oder kirchlichen Institution als religiös fundiert betrachten kann. In diesem Zusammenhang denkt Troeltsch an die religionskritischen Ideologien, die sich auf naturwissenschaftlicher und politischer Basis gebildet hatten und sich (damals wie heute) eines populären Zulaufs erfreuten. *Weiterhin* haben die christlichen Kirchen auf Grund ihrer langjährigen engen Verbindung mit dem untergegangenen Regime und ihrer Instrumentalisierung zugunsten von Machterhalt und Sozialdisziplinierung viel Kredit in der Bevölkerung verloren. Diesen Ansehensverlust des kirchlich verantworteten Religionsunterrichts an der Schule charakterisiert Troeltsch in scharfen Worten:

> „Eine widerwillig im konfessionellen Joch gehaltene Lehrerschaft, ein oft widerwillig erteilter Religionsunterricht, die Reibungen der weltlichen und der geistlichen Gewalt in der Schulaufsicht und Schulverwaltung, ein gegen all das leidenschaftlich reagierender Radikalismus eines grossen Teiles der Lehrerschaft, eine völlige Verworrenheit der Lage ist hier in den meisten deutschen Ländern das Ergebnis der Verhältnisse. Aber auch an den höheren Schulen nimmt der Religionsunterricht, der nicht als freie Untersuchung religiöser Dinge, sondern als kirchlicher Glaubensunterricht gegeben wird, eine äusserst schwierige Stellung ein. Ihm begegnet instinktives Misstrauen und nur eine vertrauenerweckende Lehrerpersönlichkeit überwindet diese Schwierigkeiten. […] Aus all diesen Miseren hilft nur eine grundsätzliche Entkirchlichung der Schule und diese wiederum setzt die Trennung von Staat und Kirche voraus."[99]

Diese faktischen Probleme verweisen auf die grundlegende Spannung, die als *vierter* Grund schließlich ausschlaggebend ist. Es handelt sich um die unterschiedlichen Funktionen von

2. Die kulturstaatliche Begründung

Staat und Kirchen. In der Religion geht es um das Jenseits, um das geistige Leben der Seele. Der Staat ist auf die Ordnung des diesseitigen Lebens bezogen, verfolgt Machtinteressen und setzt den Rechtsgedanken durch. Daher gilt: In der Gegenwart ist ein Trennungsmodell „unausweichlich"[100].

Diese Trennung bietet für Troeltsch aber nun die religionspolitische Möglichkeit für eine differenzierte Gestaltung. Denn, so argumentiert er im Sinne der altliberalen europäischen Tradition: Unabhängig von seiner Staatsform, die Deutschland gerade zu wechseln im Begriff war, ist der Staat in gewisser Weise auf so etwas wie ein religiöses Fundament angewiesen. Diese These spielt Troeltsch für den Sozialismus und die Demokratie durch und kommt zu dem Ergebnis: „Der Sozialismus an sich, wesentlich als Organisation des Gesamtlebens zu gerechter Beteiligung des Einzelnen an den materiellen und geistigen Gütern der Gesamtheit gedacht, verlangt geradezu die Voraussetzung eines Glaubens an die Durchführbarkeit eines solchen Ideals und an die Pflicht zu einem solchen Ideal, beides dem religiösen Glauben an eine Regierung der wirren Weltdinge durch einen göttlichen Sinn und an eine gemeinsame Hingebung und Verschmelzung der Einzelwillen in göttlich-heiligen Aufgaben nahe verwandt; ja der Sozialismus ist im Grunde unfähig einen solchen Glauben zu entbehren."[101] Ähnliches gilt für die Demokratie, die für Troeltsch „ein recht großes Interesse an starken konservativen geistigen und sittlichen Mächten [hat], die die Gesellschaft auf dem Gebiete der Sitte und des Glaubens zusammenhalten und ein Gegengewicht gegen die Unruhe des politischen Lebens bilden. Auch ist ihre Schätzung der Persönlichkeit und Menschenwürde gerade mit dem religiösen Gedanken aller christlichen und jüdischen Konfessionskirchen wenigstens wahlverwandt."[102] Für Troeltsch sind „Demokratie" ebenso wie „Sozialismus" auf so etwas wie ‚zivilreligiösen' Glauben angewiesen.[103] Mit seinem Hinweis auf die Bedeutung der Nähe des biblischen Menschenbildes zur Demokratie, insbesondere durch die Verwendung des Begriffs der Menschenwürde, nimmt Troeltsch eine ideengeschichtliche Entwicklung vorweg,[104] die sich innerhalb des deutschen Protestantismus erst nach dem Zweiten Weltkrieg durchgesetzt hat, nämlich die Verbindung von theologischer Anthropologie, Menschenwürde und Menschenrechten.[105] Troeltschs Argument, dass der demokratische Staat auf die sozialmoralischen Ressourcen der Religion angewiesen ist, über die er selbst nicht verfügt, wird dann weiter zum Beispiel von Hermann Lübbe, Ernst-Wolfgang Böckenförde und Jürgen Habermas vertreten. Diese Einsicht begründet auch den schulischen Religionsunterricht, der in staatsethischer Perspektive als Teil der politischen Bildung zu verstehen ist.

Vor dem Hintergrund seiner Einsichten diskutiert Troeltsch sehr kritisch das französische Modell der strikten Trennung von Staat und Religion mit Blick auf seine Folgen für den schulischen Religionsunterricht. Dabei greift er auf Erwägungen zurück, die er bereits 1907 angestellt hatte. In Deutschland sind die Religionen wenigstens in ihrer kulturproduktiven und für viele Menschen auch existenziellen Bedeutung allgemein anerkannt. Das Kennenlernen der von ihnen vermittelten Weltanschauungen und ihrer Ethiken ist damit Teil der humanen Bildung. Wenn nun der Staat eine allgemeine Schulpflicht einführt und durchsetzt, die Religion aber ganz aus der Schule heraushält, entfremdet er die religiös gestimmten Menschen vom Staat und riskiert einen Konflikt mit ihnen, weil sie nach freien Schulen verlangen werden, um das für ihre Religion geltende Bildungsziel zu erreichen. Die andere Möglichkeit bestünde darin, dass der Staat die existenzielle und weltanschauliche Bedeutung der Religion anerkennt und den schulischen Religionsunterricht auf eigene Verantwortung veranstaltet. Damit geht er jedoch ein doppeltes Risiko ein. Einerseits besteht die Gefahr der Verletzung der Selbstbestimmung der religiösen Akteure, die sich dem staatlichen Religionsunterricht nicht entziehen können. Andererseits könnte in der staatlichen Obhut eine von den Traditio-

2. Die kulturstaatliche Begründung 55

nen der Religionsgemeinschaften abweichende „Schulreligion" entstehen.[106] Eine solche gewissermaßen deutsche Variante des französischen Modells (instruction civique unter Einschluss allgemeinster Religionskunde) hält Troeltsch zwar für möglich, aber es wäre seines Erachtens mit „ungeheuren Schwierigkeiten"[107] verbunden. Denn die solchermaßen gelehrte „Schulreligion" stünde in einem ungeklärten Verhältnis zu den „Kirchenreligionen". Hier besteht also das Risiko, dass die formalisierte und vom Staat angeordnete Religion bei den Religionsgemeinschaften auf ein Vermittlungs- und Akzeptanzproblem stößt. Versucht man, dieses Problem durch eine De-Regulierung der „Schulreligion" zu lösen, entsteht die Gefahr, dass die „Willkür und persönliche[...] Denkweise des Lehrers"[108] in den Mittelpunkt des Religionsunterrichts rücken und unkontrollierbare Reaktionen auslösen. Trotz dieser Risiken hält Troeltsch dieses Modell für religionspolitisch möglich, aber deshalb für politisch unrealistisch, weil es von der römisch-katholischen Kirche nicht akzeptiert würde. Aus diesen Gründen plädiert er für einen schulischen Religionsunterricht in religionsgemeinschaftlicher Verantwortung, also für ein Kooperationsmodell auf der Basis von Trennung. Zu dieser Kooperation gehören auch die staatlichen theologischen Fakultäten, an denen die schulischen Lehrkräfte in eigenen Studiengängen ausgebildet werden. In diesem Zusammenhang wendet sich Troeltsch scharf gegen die Entsendung kirchlicher Lehrkräfte an die Schulen und macht sich mit Nachdruck für staatliche Religionskräfte mit einem anderen Fach stark, denn rein kirchliche Katecheten wären „Fremdkörper" an der Schule und als ‚reine' Religionslehrer einer ermüdenden Redundanz ausgesetzt. Hellsichtig stellt er fest, dass der Wechsel zweier Schulfächer „Erfrischung" für das je andere erlauben würde.

Troeltsch begründet sein Kooperationsmodell auf der Basis der Trennung von Kirche und Staat mit einem kulturstaatlichen Argument. „Die Schwierigkeiten des Schulproblems bei der

Trennung von Staat und Kirche bestehen ja eben darin, dass in Wahrheit doch die Gesellschaft eine starke, tiefe und lebendige Religion braucht und von ihr sich nicht trennen kann, auch wenn sie die Kirchen vom Staate trennt. Eine solche Religion ist aber unter uns nur das Christentum, das man mit der modernen Ideenwelt verschmelzen mag, das aber nicht durch ethisch-pantheistische Abstraktionen wirkungskräftig ersetzen kann."[109] Daraus folgt: „Die Trennung von Staat und Kirche kann keine Trennung von Staat und Christentum sein und daher auch keine unchristliche oder neutrale Schule zur Folge haben. Gesellschaft oder Staat bleiben interessiert an einem Unterricht der Jugend im Christentum und mögen dann jedem die Freiheit lassen, diesen Unterricht zu verwerten, wie er will".[110] In diesem Satz vollzieht Troeltsch die wichtige Differenzierung von Christentum und konfessionellen Kirchen. „Christentum" fungiert gewissermaßen als Begriffsmagnet für die ideellen Ressourcen, deren Vermittlung für den Staat im Sinne jenes ‚zivilreligiösen' Reservoirs erforderlich ist. Die Kirchen verkörpern die vom Staat getrennten institutionellen Kooperationspartner, mit denen der schulische Religionsunterricht organisiert wird. Mit dem Satz „jedem die Freiheit lassen, diesen Unterricht zu verwerten, wie er will" deutet Troeltsch diejenige Schranke an, die die Reichweite des Religionsunterrichts begrenzt und die gegenwärtig als negative Religionsfreiheit ein Grundrecht darstellt. Dementsprechend, so Troeltsch, müssen Dissidenten und Areligiöse vom Religionsunterricht dispensiert werden können.[111] „Auch Lehrer dürften zu dem Unterricht nur auf Grund eigener Willigkeit bestimmt werden."[112]

Bei der Unterscheidung von Christentum und Kirche handelt es sich um eine neuprotestantische Extrapolation der reformatorischen Unterscheidung von der *ecclesia visibilis et invisibilis*, mit der Troeltsch die alte Lehre von den zwei Regierweisen Gottes umformt. Er plädiert damit für eine staatsethische Hochschätzung des Christentums als eines wichtigen kulturellen Faktors,

2. Die kulturstaatliche Begründung

der für den Aufbau, der für das Leben im Staat notwendigen Gesinnung der Bürgerinnen und Bürger unverzichtbar ist. Weniger als Kirchenglauben denn als Kulturmacht gehört das Christentum für ihn zum ideellen, heute würde man sagen: ‚zivilreligiösen' Fundament des Gemeinwesens.

Im Verfolg dieses staatsethischen Ziels kann der Staat durch die Kooperation mit den Kirchen sein religionspolitisches „Interesse [...] an einer gewissen Temperierung der religiösen Leidenschaften"[113] zur Geltung bringen und das grundsätzlich irrationale Verhältnis von Staat und Religion politisch einhegen. Indem er mit den Religionsgemeinschaften (damals: die christlichen Kirchen) zusammenarbeitet, integriert er sie in das Gemeinwesen, und durch die Einbindung in das Bildungssystem trägt er mit der Verwissenschaftlichung der religiösen Reflexion auch zur Rationalisierung und Zivilisierung der Religion bei. Zugleich stabilisiert die Kooperation die Religionsgemeinschaften[114], damit wird einer möglichen religiösen Zerklüftung der Gesellschaft entgegengewirkt.

Troeltsch betont also einerseits die produktive Seite der Kooperation. Er weist aber andererseits auf „schwere und empfindliche Gebrechen"[115] hin, die dieses System auszeichnen. Denn es enthält einige Sollbruchstellen, die er in seiner Abhandlung an zeitgenössischen Beispielen illustriert, die strukturell aber auch gegenwärtig präsent sind. Am Beispiel der katholischen Kirche diskutiert Troeltsch das Problem, dass eine Religionsgemeinschaft in ein Kooperationsverhältnis eintritt, das mit der religiösen Wahrheit, für die sie eintritt, nicht vereinbar ist. Das betraf zum damaligen Zeitpunkt die kooperative Partnerschaft von Kirche und Staat als solche sowie das (tolerante) Nebeneinander von unterschiedlichen Konfessionen und Religionen im schulischen Religionsunterricht. Nach damaliger Lehre betrachtete sich die katholische Kirche als dem Staat übergeordnet und gab zur Bestimmung ihres Verhältnisses zu anderen Konfessionen und Religionen die Haltung der Intoleranz aus.[116] Hier wird für Troeltsch eine Paradoxie deutlich, die darin besteht, dass für die Mitwirkung am schulischen Religionsunterricht eine Freiheit und Gleichheit reklamiert wird, die auf der Ebene des religionsunterrichtlichen Inhaltes gleichzeitig bestritten werden kann. An diesem Beispiel macht Troeltsch erneut die grundsätzliche Inkommensurabilität von Religion und Staat deutlich, die aber durch die religionspolitische Kooperation gestaltet und im Religionsunterricht für beide Seiten mit Gewinn handhabbar gemacht werden kann. Anders gelagert ist diese Spannung für Troeltsch im Protestantismus. Für die Kooperation benötigt der Staat ein vom Bekenntnis her und institutionell klar identifizierbares Gegenüber. Im Fall des Protestantismus, den Troeltsch in seiner ganzen Vielfalt bis hin ins freikirchliche Spektrum vor Augen hat, ist dies keineswegs vorausgesetzt. Durch organisatorische Zerklüftung kann die Freiheit der Religion vielmehr in Richtung Kooperationsunfähigkeit überdehnt werden. Insofern verbindet sich mit der Freiheit der Religion ein die Kooperation potenziell sprengendes Potenzial, das aber mit religionspolitischer Sorgfalt eingehegt werden kann.

Sein differenziertes religionspolitisches Plädoyer für den konfessionellen Religionsunterricht an staatlichen Schulen auf der Basis der Kooperation des Staates mit den von ihm getrennten Kirchen sieht Troeltsch ausdrücklich in kulturstaatlicher Kontinuität zu derjenigen Entwicklung, wie sie sich in Deutschland seit der Reformation vollzogen hatte und die es unter den nachrevolutionären Bedingungen und unter Würdigung der wachsenden religionskulturellen Pluralität fortzuentwickeln gilt. Aus der Vielzahl seiner praktischen Vorschläge[117], die hier nicht im Einzelnen referiert werden, geht hervor, dass ihm kein starres System vorschwebt, sondern eher „eine Periode [...] des Experiments"[118].

Spätestens in der Gegenwart dürfte man in diese Periode eingetreten sein. Dabei haben sich die Koordinaten nochmals verändert, weil nun die kulturstaatliche Verantwortung nicht mehr

2. Die kulturstaatliche Begründung

auf das Christentum oberhalb der Kirchen, sondern auf eine inzwischen eigenständige Tradition mit ihrer inzwischen zwar religionsneutralen, aber zugleich religionsfreundlichen Haltung bezogen wird. Grundsätzlich können alle signifikant sichtbaren Akteure, die als Korporation vom Grundrecht auf Religionsfreiheit Gebrauch machen, in das Kooperationsverhältnis mit dem Staat eintreten, sofern mit ihren Inhalten (wenigstens potentialiter) Sinnressourcen für individuelle Identitätsbildung und Freiheitsgebrauch verbunden werden. Dies gilt jedenfalls für diejenigen Religionsgemeinschaften, die durch die Etablierung von schulischem Religionsunterricht und entsprechenden akademischen Institutionen der Ausbildung der Lehrkräfte in das Kooperationsmodell einbezogen wurden. Dabei bleiben die inhaltlichen und funktionalen Gegenläufigkeiten von staatlichem Handeln und religiösem Leben bestehen, werden aber jedenfalls punktuell zugunsten der Kooperation überwunden.

Die bereits von Troeltsch aufgezeigten strukturellen Spannungen zwischen staatlicher Anordnung und religiöser Freiheit werden dabei gelegentlich gut sichtbar und müssen dann auch religionspolitisch entschieden werden. Man denke etwa an die Teilnahme jüdischer und muslimischer Schülerinnen und Schüler am Schulunterricht während Festzeiten ihrer religiösen Traditionen, die im Fall des Islams im Kalender sogar beweglich sind. Die Frage des Kopftuches oder der Verschleierung wird immer wieder zum Gegenstand des religionspolitischen Diskurses und der rechtlichen Regelung. Gleiches gilt für die religionsgemeinschaftliche *missio*, *vocatio* oder Idschaza, die jeweils an das „Bekenntnis" bzw. „Lehre" der Religionsgemeinschaft gebunden ist, die aber bisweilen in die Lebensführung der Lehrkräfte eingreifen und mit deren vom Staat garantierten Freiheit kollidieren. Hieran zeigt sich, dass auch der Begriff der Kultur, der im Rahmen der hier vorgestellten Argumentation als gemeinsames Dach fungiert, jeweils neu ausgehandelt, staatsethisch definiert und religionspolitisch weiterzuentwickeln ist.

Man kann dieses kulturstaatliche Kooperationsmodell von WRV und GG wegen seiner Wurzeln in der Reformation durchaus als protestantisch imprägniert bezeichnen, weil es Staat und Religionsgemeinschaften unter einem gemeinsamen ideell-ethischen Dach vereinigt, wie es seit der Reformationszeit mit der Lehre von den zwei Regierweisen Gottes angelegt war. Neben der kooperativen Seite dieses Modells ist zugleich die kritische hervorzuheben, die sich aus der Einsicht in die Inkommensurabilität beider Seiten ergibt. Staat und Religion erfüllen jeweils andere Aufgaben. Der Staat ist dabei für die religiöse Wahrheit nicht zuständig und darf das Gewissen der Menschen nicht antasten. Daher stehen sich Staat und Religion auch kritisch gegenüber, begrenzen sich aneinander. Es gibt religiös motivierte Kritik am staatlichen Handeln, aber die Religionen wollen nicht selbst Staat werden. Es kann staatliche (oder politische) Kritik an den Religionen geben. Aber der Staat kann den Religionen keine religiösen Inhalte vorschreiben wollen.

Freilich zeigt sich auch, dass auf den Gebieten der Kooperation zwischen Staat und Religionsgemeinschaften, d. h. in der Schule und auf den Universitäten, so etwas wie ein Hybrid entsteht. Es entwickelt sich zwar nicht jene staatliche „Schulreligion", die Troeltsch im Gegensatz zu den „Kirchenreligionen" gesehen hatte. Aber die durch die Kooperation „temperierte" Religion, die durch akademische Forschung und Ausbildung gefilterte Religion, die im Religionsunterricht gelehrt wird, hat eine Gestalt, die sich von der in den Religionsgemeinschaften und in den Familien gelebten Religion unterscheiden kann. Diese Differenz ist es denn auch, die das Kulturstaatsmodell noch einmal dynamisiert, weil Kritik- und Wechselwirkungseffekte entstehen: Die gelehrte Religion wirkt auf die gelebte Religion zurück. Die gelebte Religion ist wissenschaftlicher Gegenstand akademischer Religionsforschung, die wiederum in die gelehrte Religion eingeht, die auf die gelebte Religion einwirkt. Diese Kritik- und Wechselwirkungsverhältnisse kann sich der Staat strategisch zu Eigen machen, indem er auf die Aufklärung der Religion durch deren Integration in das aufgeklärte Bildungswesen setzt. Gleichwohl kann und darf diese Nebenwirkung die Freiheit der beteiligten Religionen und ihrer institutionellen Vertretungen nicht unterlaufen. Hier sind religionsrechtliche, religionstheoretische und religionsdogmatische Grenzen zu beachten, trotz und gerade wegen des gemeinsamen kulturellen Daches, in dem Kooperation und kritische Selbstbegrenzung immer schon präformatiert sind. Insofern hatte Troeltsch Recht: Die gut begründete Kooperation von Staat und Religionsgemeinschaften auf dem Gebiet des schulischen Religionsunterrichts darf die grundlegende Spannung, die zwischen den Aufgaben und Interessen des Staates und der Wahrheit der Religion(en) besteht, nicht verdecken. Mögliche Konflikte liegen in der Natur dieses Spannungsverhältnisses. Die Kooperationsfähigkeit und -willigkeit muss daher von beiden Seiten aus immer wieder neu eingeholt werden. Der religionspolitische Kompromiss ist daher jenseits von Eskalation oder Ignoranz der Normalfall im Verhältnis beider Seiten. Die Freiheit beider Seiten bleibt davon unberührt und ist damit eine nicht versiegende Quelle für weitere Entwicklungen auf diesem Gebiet.

3. Die dialektische Spannung von allgemeiner Schulpflicht und Religionsfreiheit. Religion als Identitätsstifter?

a) Die Schulpflicht ist eine spezifisch deutsche Ausgangsbedingung des Schulwesens. Während das Völkerrecht vom „Recht auf Bildung" spricht und die allermeisten anderen Verfassungsstaaten höchstens eine „Unterrichtspflicht" kennen, setzt das deutsche Schulrecht der Gegenwart auf eine strikte Besuchspflicht in öffentlichen Schulen. Der Ausweg einer privaten Schule schafft angesichts der strengen Anforderungen an diese „Ersatzschulen" keine wirklich substantielle Alternative: Auch in ihnen ist die institutionell gedachte Schulpflicht zu erfüllen. Home-Schooling, der tatsächlich privat-individuelle Unterricht für Kinder, ist in den Schulgesetzen nicht vorgesehen; wer seine Kinder dem staatlichen Schulsystem entzieht, muss entweder auswandern (nach Österreich etwa oder als Asylsuchender in die USA) oder die Sanktionen des deutschen Ordnungsrechts bis zum Verlust des Erziehungsrechts auf sich nehmen.[119] Selbst die Corona-Pandemie hat in Deutschland zwar zu sehr viel faktischem Home-Schooling geführt, aber vorerst nicht zu einer neuen Beurteilung: Vielmehr wurde ausschließlich beklagt, warum die staatliche Schule nicht auf heimischen Bildschirmen ohne Reibungsverlust stattfinden konnte.

Es ist nun wichtig festzuhalten, dass diese Form der Schulpflicht erst seit 1919 ernsthaft gefordert und erst nach 1945 wirklich streng durchgesetzt wurde.[120] Zuvor war mindestens geduldet worden, dass Vermögens- und Bildungseliten des Landes in sog. (gymnasiumsvorbereitenden) Vorschulen oder gleich bei Privatlehrern unter sich blieben. Die nun tatsächlich gemeinsame Grundschule war in der jungen Bundesrepublik zum einen das Ergebnis einer neuen äußeren Gestalt der Gesellschaft. Vor allem die wachsende Mobilität zunächst durch Züge, dann durch Busse, machte die Erreichbarkeit auch von höheren Schulen landesweit möglich. Vor allem aber lässt sich die strenge Schulpflicht auch als eine neue Stufe der verfassungsstaatlichen Integration rekonstruieren. In der Weimarer Verfassung war dies noch ein Programmsatz gewesen, der gegen eine jahrhundertealte Erfahrung von Trennung und Klassenunterschieden stand: *„(Art. 145 Abs. 1) Es besteht allgemeine Schulpflicht. Ihrer Erfüllung dient grundsätzlich die Volksschule mit mindestens acht Schuljahren und die anschließende Fortbildungsschule bis zum vollendeten achtzehnten Lebensjahre. (...) (Art. 146 Abs. 1) Das öffentliche Schulwesen ist organisch auszugestalten. Auf einer für alle gemeinsamen Grundschule baut sich das mittlere und höhere Schulwesen auf. (...)"* Dieser Anspruch der alten Reichsverfas-

3. Die dialektische Spannung

sung wurde nach 1945 zum tatsächlichen Orientierungsziel. Die Schulgesetze sahen nun auf Landesebene die Schulpflicht vor und sie wurde auch durchgesetzt. Dabei war allerdings als neue Ausgangsgröße zu beachten, dass schon bald in der Schule nicht nur der staatliche Erziehungsauftrag, sondern vor allem auch die Grundrechte von Schülern wie von Eltern zu beachten waren. Der „Abschied vom besonderen Gewaltverhältnis", also einem rechtsfreien Anstaltsdenken, gab der äußeren Organisation wie vor allem auch der inneren Ausrichtung der staatlichen Schule eine neue Richtung vor: Die „Entfaltung der Persönlichkeit des Kindes" (Ekkehart Stein) wurde in den 1960er Jahren zur neuen Zielstellung des staatlichen Schulhaltens.[121] Dies erkannte das Bundesverfassungsgericht in seinen grundlegenden Entscheidungen an.[122] Bis in die Gegenwart wird eine Verknüpfung zwischen Schulpflicht als äußerem Zwang und Persönlichkeitsbildung als innerer Ausrichtung der staatlichen Schule betont. Deshalb sind die zahlreichen Entscheidungen, mit denen die strenge Schulpflicht gehalten wird, nicht als freies Mandat des Staates zu verstehen, das er genauso gut auch wieder zur Herrichtung von Untertanen oder Angstbürgern nutzen dürfte.[123] Schulpflicht und freiheitliche Ausrichtung des Schulwesens stehen in einem gegenseitigen Abhängigkeitsverhältnis.

b) Vor diesem Hintergrund findet auch der Religionsunterricht eine neue Position, die unmittelbar mit der Gesamtstatur der öffentlichen Schule zusammenhängt. Wir hatten bereits gesehen, dass ihm in der frühen Moderne der Schule in Deutschland, also im 19. Jahrhundert, eine zentrale Rolle zukam: Die religiöse Unterweisung stand dafür, dass auch in der Volksschule nicht ausschließlich Rechnen und Lesen als äußere Fähigkeiten eingeübt wurden. Der Religionsunterricht wies über das Schulgebäude, das Dorf, die Arbeitersiedlung hinaus – schon in der Person des Pastors, der von Ausbildung und Sozialprestige her eine ganz andere Rolle spielte als der Volksschullehrer, der zunächst oft ein unzureichend ausgebildeter Gehilfe war,[124] dem Geistlichen selbstverständlich unterstellt durch die geistliche Schulaufsicht – wobei eben das Amt des Pfarrers ja nicht einer freien Kirche als Teil der Gesellschaft zugehörte, sondern der Staatsanstalt der Landeskirche. Noch bis an das Ende des 19. Jahrhunderts griff hier die geläufige Unterscheidung von Staat und Gesellschaft kategorial nicht; und hätte man sie angewandt, wäre das Pfarramt im Bereich des staatlichen Kirchentums verortet worden.[125] Der Religionsunterricht war daher bis an die Zeitenwende 1918/1919 aus inneren wie äußeren Gründen eine zentrale Größe des staatstreuen Schulwesens überhaupt. Und zugleich ist damit ganz sicher gesagt: Dieser Religionsunterricht war nicht auf die Ertüchtigung des freien Geists, auf die Anleitung zu einer eigenen Glaubenshaltung, auf Emanzipation des Bürgers ausgelegt: Sondern er war eben deshalb wichtig, weil hier der deutsche Untertan geprägt wurde, dem die Ehrfurcht vor der Obrigkeit nicht nur aus Gründen des äußerlichen Zwangs, sondern als Frage der inneren Einstellung nahegebracht wurde – das „Gott mit uns" auf den Koppelschlössern der preußischen und großdeutschen Soldaten in den Blutbädern von 1870/71, 1914–1918 und 1939–1945 war nicht erst in den Waffenfabriken, sondern in der deutschen Schule geprägt worden, auch und vor allem im Religionsunterricht.

Von dieser Tradition macht sich der Religionsunterricht in der Bundesrepublik in mehreren Häutungen frei: Schon von Anfang an ist er nun nicht mehr als Beitrag der Kirchen zum Gelingen des Staates zu verstehen. Zu Beginn allerdings, unter dem Vorzeichen einer gleichberechtigten „Koordination" von Staat und Kirche, kann der Religionsunterricht auch als Gegenstück zum sonstigen Schulbetrieb verstanden werden, den eine Gestaltungsmacht mit ebenso großem Anspruch wie der Staat, eben die Volkskirche, für sich und ihre Wahrheit in Anspruch nimmt.[126] In der nachgezogenen Modernisierung des Staat-Kirche-Verhältnisses, der Pädagogik und der inneren Organisation der

Kirche seit den 1960er Jahren wandelt sich diese Rolle des Religionsunterrichts. Das grundsätzliche Primat des Staates im gesamten Schulwesen ist nun weitgehend akzeptiert, und dem Religionsunterricht kommt eine *neue Rolle als Vorposten gesellschaftlicher Freiheit in der staatlichen Schule* zu. Damit ist ein echter Perspektivenwechsel verbunden: Der Religionsunterricht verlässt die unmittelbare Wirkungsgemeinschaft mit den anderen Schulfächern, tritt an die Seite der Schülerinnen und Schüler zum Schutz ihrer individuellen religiösen Identität.

Damit gewinnt der Religionsunterricht aber zugleich eine neue Substanz: Eben weil er einen Freiraum gegen staatliche Bestimmung in der Schule sichert, trägt er seinen Teil zur Rechtfertigung der Schulpflicht bei. Sie ist – nach der üblichen deutschen Terminologie – in höherem Maß verhältnismäßig, also geeignet, erforderlich und angemessen, weil sie in ihrer inneren Organisation nicht absolut ist: Der Schulbereich ist nicht mehr Anstalt. So wie der Staat in seinen Fächern die Identität der Schüler achtet, indem er ihre Grundrechte zum Ausgangs- und Zielpunkt der Schule macht, so achtet er die religiöse Identität der Gesellschaft, in dem er ihrer Verschiedenheit in dieser Frage, zu der er selber keine Auffassung haben soll, Raum gewährt. Anders gesagt: Wenn nach uralter Auffassung religiöse Identität in der Kindheit gebildet wird und die Schule die Persönlichkeit des Kindes zum Ziel hat, muss auch der Religion ein Platz in der schulischen Erziehung bereitgehalten werden. Und diesen Platz können nur die Religionsgemeinschaften selber einnehmen, weil der religionsneutrale deutsche Staat in Religionsdingen nur unterrichten, aber nicht erziehen kann. Und auch ein religionsrechtliches Klugheitsargument spricht für diese Verbindungslinie: Denn wo die Integration der Religion in die Schule behindert wird, stellt das Grundgesetz die Möglichkeit der privaten Ersatzschule – und zwar ausdrücklich gerade aus religionsspezifischen Gründen – bereit. Das kann dann zwar, wie es in Deutschland Tradition hat, durchaus erschwert werden – aber mit schlechteren Gründen, wenn der Religion in der Schule kein angemessener Raum eingeräumt wird.

Mit den Polen „Schulpflicht" und „Grundrechte" ist ein Spannungsfeld beschrieben, in dem die staatliche Erziehung mit dem Ziel der Bildung einer freien Persönlichkeit erfolgen soll. Der Religion als Teil der Identität der Persönlichkeit kommt dabei eine wichtige Rolle zu, da sie einerseits seit 1919 selbst staatsfern organisiert und frei von staatlicher Bevormundung ist, andererseits ihre persönlichkeitsbildende Bedeutung nur entfalten kann, wenn die Religionsgemeinschaften am schulischen Religionsunterricht mitwirken. In diesem Sinne rechtfertigt und begrenzt der Religionsunterricht die staatliche Schulpflicht.

4. Die religionstheoretische Begründung. Religion als anthropologische Konstante?

Die Frage nach dem Beitrag der Religion zur Bildung der freien Persönlichkeit führt in die Religionstheorie, die im Zusammenhang der kulturstaatlichen Begründungslinie schon gelegentlich berührt wurde. Die Verbindung beider Linien ergibt sich aus der kulturell vermittelten Denktradition, in der der allgemeine Begriff der Religion ein gemeinsames Dach für die sehr unterschiedlichen Phänomene fungiert, die zwar landläufig als ‚religiös' bezeichnet werden, deren Bestimmung, Abgrenzung und Reichweite mit erheblichen methodischen Problemen sowie kategorialer Varianz verbunden sind und dementsprechend im wissenschaftstheoretischen Grundlagendiskurs umstritten sind. Begriffsgeschichtlich gesehen ist dieser Gebrauch des Religionsbegriffs eng mit der Epoche der Aufklärung und vorlaufend mit der Geschichte des lateinischen Christentums verknüpft. Im gegenwärtigen religionswissenschaftlichen Diskurs wird daher bestritten, ob es überhaupt möglich ist, einen hinreichend allgemeinen Begriff von Religion zu bestimmen, der die Breite,

4. Die religionstheoretische Begründung 67

Reichweite und Veränderungen der stets kulturell imprägnierten Phänomene von ‚Religion' umfasst und zu erschließen vermag.[127] Diese Debatte braucht hier aber nicht aufgegriffen zu werden, weil – ganz unabhängig vom Stand des wissenschaftlichen Grundlagendiskurses – der Begriff der Religion in rechtlichen und politischen Zusammenhängen im Umlauf ist, sich darin als leistungsfähig erwiesen hat[128] und als diskursstiftende Verständigungskategorie auch „im erziehungswissenschaftlichen Diskurs fest verankert ist."[129]

Innerhalb des religionspädagogischen Diskurses der Gegenwart haben Bernhard Dressler (1947–2023)[130] und Andreas Kubik[131] das religionstheoretische Argument erneuert und mit Aktualitätsinteresse vorgetragen. Dressler geht in Anknüpfung an die Religionstheorie Friedrich Schleiermachers von einer anthropologischen Disposition zur Religion aus, die unter bestimmten Bedingungen aktiviert und unter jeweils kulturell unterschiedlich geprägten Kontexten vollzogen, begrifflich entfaltet und sozial wirksam wird. Das religiöse Bewusstsein zeichnet sich durch zwei Charakteristika aus, nämlich einmal durch die Überschreitung der Immanenz durch Öffnung zur Transzendenz, wie Schleiermacher es in seinen berühmten Reden „Über die Religion" in der Formel „Anschauung des Universums" ausdrückt. Dazu tritt zugleich die Öffnung eines spezifischen Selbstverhältnisses, das Schleiermacher als „Gefühl" oder (später) als „unmittelbares Selbstbewusstsein" bezeichnet, in das unter bestimmten Umständen auch ausgeprägte Strukturen von Reflexion eingehen. Diese Balance aus Selbstüberschreitung und Selbstverhältnis wird in den religiösen Traditionen unterschiedlich symbolisiert und kommuniziert und ist grundsätzlich ins Unendliche variierbar. Sie repräsentiert in jedem Fall einen eigenen und unverwechselbaren Zugang zum Selbst und zur Welt, weil diese stets in der perspektivischen ‚Brechung' der Unendlichkeit oder Unbedingtheit erschlossen werden. Dieser religionstheoretische Ansatz wird unter etwas anderen begrifflichen und konzeptionellen Vorzeichen gegenwärtig auch in der angelsächsischen Literatur vertreten, hier geht man auf der Grundlage empirischer Studien von einer spirituellen Verfasstheit des Menschen aus, die wesentlich zu seiner Existenz gehört.[132] Folgt man dieser Einsicht, dass religiöse Selbstüberschreitung mit reflexiver Selbstvertiefung ein anthropologisches Universale ist, dann ist es als konstitutiver Teil der humanen Bildung anzusehen und kann innerhalb der schulischen Bildung nicht übergangen werden. Religion, wie sie in ihren jeweils kulturell gegebenen Gestalten vorliegt und gelebt wird, ist in der Schule zu lehren.

Dafür kann man sich grundsätzlich sehr unterschiedliche Modelle vorstellen. Wegen der auf dieser Begründungslinie unterstellten Universalität und Existenzialität liegt es allerdings gerade nicht nahe, Religion in einer ‚neutralen' Weise zu lehren, die suggerieren könnte, dass es sich um ein Phänomen handelt, das nur Andere betrifft. Vielmehr lässt sich ein sehr gutes Argument für den konfessionellen Religionsunterricht entwickeln, denn aus der Struktur des mit dem Transzendenzbewusstsein verknüpften Selbstverhältnisses ist zu folgern, dass eben nur in dieser Perspektive angemessen über Religion kommuniziert werden kann. Religion kann also nur in religiöser Perspektive sachadäquat erschlossen werden.

Allerdings ergeben sich aus dem Argument auch zwei spannungsreiche Konsequenzen: *Einmal* führt die religionstheoretische Begründung der Selbstständigkeit der religiösen Anlage des Menschen zu einer Differenzierung von Religion und Moral oder Glauben und Handeln. Das hatte schon Schleiermacher mit klassisch gewordenen Wendungen beschrieben.[133] Gegenwärtig verwehren sich die Vertreter dieses Ansatzes denn auch dagegen, den konfessionellen Religionsunterricht in einem ethischen Sinne als „Wertevermittlung", „Wertebildung" oder „Werterziehung" zu verstehen, weil dies die Eigenständigkeit der Religion als humaner Anlage unterläuft und die Gefahr einer externen Instrumentalisierung der Religion von Seiten des Staates oder Dritter birgt.¹³⁴ Damit steht die Logik dieser religionstheoretischen Begründungslinie in gewisser Weise quer zu der staatsethischen Dimension des schulischen Religionsunterrichts, die bei der kulturstaatlichen Begründungslinie bereits aufschien.

Sodann ergibt sich aus dem mit dem religiösen Bewusstsein verknüpften Transzendenzbezug ein strukturelles Problem, das religionspädagogisch und -unterrichtlich hoch relevant ist. Denn zum spezifischen Transzendenzbezug gehört die Unverfügbarkeit des religiösen Aktes, der ja gerade nicht Teil der vorfindlichen Wirklichkeit ist, sondern sie überschreiten will und daher im strengen Sinne nicht verfügbar ist. Anders gewendet: Zur Religion als Religion gehört, dass die Evidenz der mit ihr verbundenen Erfahrungen und Einsichten nicht erzwungen werden kann. Spiritualität als Sensus für die überweltlichen Zusammenhänge ist nicht ‚machbar', sondern benötigt einen eigenen Zugang, der aber nur zwanglos und freiwillig beschritten werden kann. Immer wieder wird daher in der religionspädagogischen Literatur darauf hingewiesen, dass Religion – im Unterschied zu anderen Schulfächern – nicht gelehrt werden kann. „Besonders aus evangelischer Sicht ist auch dann, wenn religiöse Bildung bejaht wird, die prinzipielle Begrenztheit der durch Bildung zu erreichenden Ziele festzuhalten: Glaube kann und darf nicht Ziel der Bildung sein. Theologisch gesehen ist der Glaube für den Menschen unverfügbar – eine Gabe, die nur von Gott selbst kommen kann."¹³⁵ Vor diesem Hintergrund werden Leistungs- und Wissensüberprüfung im Religionsunterricht, ja die Versetzungsrelevanz des Faches problematisch. Denn sowohl die „Unverfügbarkeit der religiösen Erfahrung" als auch die „Perspektiven- und Inhaltsbestimmtheit der religiösen Erfahrung" verweisen auf die nicht vollständige Verobjektivierbarkeit der Religion, die aber in einer religionskundlichen Behandlung im Unterricht in jedem Fall vorausgesetzt ist und auch im konfessionellen Religionsunterricht hochanteilig vertreten ist. Daher ergibt sich an dieser Stelle die Einsicht, dass die Standpunktbezogenheit jeder Religion zur Forderung nach einer Form des Unterrichts in dieser Religion führt, die dieser hermeneutisch und kommunikativ gerecht wird. Der schulische Religionsunterricht wird auf diese Weise zu einem höchst anspruchsvollen Unternehmen. Er hat die grundsätzlich unbegrenzte Vielfalt religiöser Einstellungen ebenso zu beachten wie die Unverfügbarkeit der stets vorausgesetzten religiösen (spirituellen) Erfahrung, muss dies auf die entwicklungspsychologische und kognitive Situation der Schüler beziehen und die Unterrichtsziele an den Bildungszielen, die durch die schulische Bildung insgesamt erreicht werden sollen, ausrichten. Neben der Vermittlung von bestimmten Kenntnissen besteht sein Ziel darin, „Anreize zur Selbstbildung bzw. der Öffnung für den inneren Geist der Sache […]"[136] zu vermitteln. Die grundsätzliche Spannung aber bleibt bestehen: Durch den Buchstaben der religiösen Überlieferung muss sich der Geist der Religion selbst vermitteln.

Zu dieser Spannung zwischen der lehrbaren und der unverfügbaren Dimension des Religionsunterrichts, die dieser womöglich mit dem Fach „Kunst" teilt, tritt *weiterhin* die Spannung zwischen der *einen* humanen Disposition zu Religion oder Spiritualität und der faktischen *Vielfalt* der religiösen Standpunkte, die es nicht nur innerhalb einer religiösen Tradition, sondern auch zwischen den großen religiösen Traditionen gibt. Die Repräsentanz dieser Pluralität im schulischen Religionsunterricht ist innerhalb der Religionsgemeinschaften und im Verhältnis der staatlichen Ebenen zu ihnen politisch zu organisieren. Dass dies gelingt, ist aber keineswegs selbstverständlich, wie Verweise auf die christlich-konfessionelle Konfliktgeschichte im 19. Jahrhundert, die Marginalisierung jüdischer Schüler bis weit ins 20. Jahrhundert und die großen Vorbehalte gegen den Islam in Deutschland bis in die Gegenwart sofort deutlich machen. Nicht nur bezüglich der Religionen, sondern auch bezüglich der gesamtgesellschaftlichen Pluralität (insbesondere in Erziehungsfragen) ist diese Vielfalt daher zu begrenzen, damit die in der

4. Die religionstheoretische Begründung 71

Schule erstrebten Bildungsziele erreicht werden können. Dies geschieht regelmäßig durch schulgesetzlich verordnete ethische Normen wie Friedfertigkeit, Respekt und Toleranz, die für sämtliche Schulfächer und das gesamte Schulleben gelten. Als Beispiel sei auf § 2 (2) des nordrhein-westfälischen Schulgesetzes i. d. F. vom 29. Mai 2020 verwiesen: „Ehrfurcht vor Gott, Achtung vor der Würde des Menschen und Bereitschaft zum sozialen Handeln zu wecken, ist vornehmstes Ziel der Erziehung. Die Jugend soll erzogen werden im Geist der Menschlichkeit, der Demokratie und der Freiheit, zur Duldsamkeit und zur Achtung vor der Überzeugung des anderen, zur Verantwortung für Tiere und die Erhaltung der natürlichen Lebensgrundlagen, in Liebe zu Volk und Heimat, zur Völkergemeinschaft und zur Friedensgesinnung." In diesen Formulierungen des Gesetzes wird jene „Temperierung der religiösen Leidenschaften" durch die in der Schule gelehrte Religion sichtbar, von der Troeltsch im Zusammenhang der Kulturstaatsdebatte sprach.[137] Wie diese sich zur Freiheit der religionsgemeinschaftlich gelebten Religion verhält, war für ihn eine offene und, wie oben gezeigt wurde, potenziell konfliktuöse Frage.

Komplementär zu dieser *cum grano salis schulgesetzlichen* Einhegung der religiösen Vielfalt durch friedensethische Normen zeigt sich im religionspädagogischen Diskurs, dass man den verantwortungsvollen und -bereiten Umgang mit (religiöser) Vielfalt als Ziel religiöser Bildung in der Schule angibt. In ihrer Denkschrift „Religiöse Orientierung gewinnen" formuliert die EKD, dass das Ziel des Religionsunterrichts im Kennenlernen der eigenen religiösen Identität im Zusammenhang des allgemeinen Bildungsgeschehens und vor dem Hintergrund heterogener religiös-weltanschaulicher Gegebenheiten in der Gesellschaft besteht. Im Vordergrund steht das „Bildungsziel der Pluralitätsfähigkeit"[138] (Respekt, Toleranz und Frieden), die Dialogorientierung (Neugierde und Interesse) und die wechselseitig kritische Wahrnehmung[139]. Diese Zielbestimmung wird mit Blick auf die eigene Bekenntnisorientierung rechtfertigungs- und schöpfungstheologisch eingeholt[140]: Der Religionsunterricht „ermöglicht den Schülerinnen und Schülern vor dem Hintergrund ihrer eigenen Lebenserfahrungen eine Auseinandersetzung mit dem christlichen Glauben, seinen biblischen Grundlagen und ethischen Konsequenzen. In all dem wird erwartet, dass sich auch ein Verständnis für Menschen entwickelt, die nicht-christlichen Religionen oder keiner Religion angehören. Hier wird deutlich, wie sich das Bildungsziel der Pluralismusfähigkeit zu anderen Bildungszielen des Religionsunterrichts verhält. Die im Religionsunterricht ermöglichte religiöse Orientierung stellt eine Voraussetzung auch für Pluralismusfähigkeit dar."[141] Inhaltlich werden mit dem Begriff der Pluralismusfähigkeit die Merkmale religionsbezogenes Wissen, Fähigkeit Religionen und Weltanschauungen kontextuell zu deuten, Fähigkeit die Perspektiven Anderer zu übernehmen, Empathie, Toleranz, Respekt, Offenheit, Differenzierung von religiösen Gemeinsamkeiten und Unterschieden, religiöse Urteilsfähigkeit verbunden.

Auch die römisch-katholische Kirche nennt die Förderung von Dialog- und Urteilsfähigkeit als eine wichtige Aufgabe des schulischen Religionsunterrichtes. Prioritär geht es allerdings um die Vermittlung von Grundwissen über den Glauben der Kirche und um das Vertrautmachen mit den Formen des gelebten Glaubens, der sich mit den Glaubensweisen anderer Menschen kommunikativ vermitteln soll. Dieses Anliegen wird als „gesprächsfähige[ ] Identität"[142] bezeichnet: „In diesem Sinne versucht der katholische Religionsunterricht, den Glauben im Dialog mit den Erfahrungen und Überzeugungen der Schülerinnen und Schüler, mit dem Wissen und den Erkenntnissen der anderen Fächer, mit den gegenwärtigen Fragen der Lebens- und Weltgestaltung und mit den Positionen anderer Konfessionen, Religionen und Weltanschauungen zu erschließen."[143]

In beiden Dokumenten deutet sich in etwas unterschiedlicher Gewichtung an, dass für den konfessionellen Religions-

4. Die religionstheoretische Begründung

unterricht eine doppelte Aufgabe in Anspruch genommen wird, die mit aus der religionstheoretisch ermittelten Grundfunktion von Religion unmittelbar zusammenhängt. Religion ist einmal Inhalt eines Schulfaches und damit den anderen Fächern gleichgestellt. Zugleich hat Religion eine fundierende Funktion für den Umgang nicht nur mit den Differenzen, die sich aus den fachspezifischen Perspektiven auf das Selbst und die Welt ergeben, sondern auch mit denen, die aus den unterschiedlichen, in allen Schulfächern eingeübten Zugängen zum Selbst und zur Welt erwachsen. Neben seinem Status als ordentlichem Lehrfach zielt der Religionsunterricht auf das Vertrautwerden mit einer grundlegenden Meta-Ebene, auf der die Schüler zu einem reflektierten und toleranten Umgang mit der Vielfalt der Perspektiven auf das Leben befähigt werden.

Der Hinweis auf dieses sinnvolle Ziel des Religionsunterrichts führt zu einer weiteren Spannungseinheit, die sichtbar wird an der seit ca. 20 Jahren erfolgten Umstellung der Bildungspolitik von Input- auf Outputorientierung. Sie hat für alle Schulfächer zur Folge, dass die Curricula auf den Erwerb von Kompetenzen hin ausgerichtet werden und Bildungsstandards nicht nur ausgewiesen, sondern auch empirisch überprüft werden können müssen. Dieser bildungspolitisch veranlasste Zugang zum Thema Religion kommt nur schwerlich zur Deckung zu den Grundeinsichten des religionstheoretischen Begründungsganges, der auf die Unverfügbarkeit des religiösen Kernanliegens abstellt und mit einer Vielfalt der religiösen Positionen rechnet. Die zwischenzeitlich entworfenen curricularen Kompetenzmodelle tragen diesem Sachverhalt inzwischen zwar recht gut Rechnung. Gleichwohl wiederholt sich hier die grundlegende Spannung zwischen Religion als Gegenstand der Bildung und der gebildeten (und damit freien) Praxis der Religion, die der schulischen Außen-Regie letztlich fremd zu bleiben scheint.[144] Diese Überlegung führt zur bildungs- und sozialisationstheoretischen Begründung des schulischen Religionsunterrichts.

5. Die bildungs- und sozialisationstheoretische Begründung. Religion als Teil der Bildung?

Das stärkste Argument für die Behandlung von Religion als schulisches Fach ist bildungs- bzw. sozialisationstheoretischer Art und zweispännig angelegt. Auf der *einen* Seite wird analog zum Kulturstaatsargument auf den historischen Beitrag des Christentums zum Aufbau des (neu)humanistischen Erziehungs- und Bildungsideals verwiesen. In der geisteswissenschaftlichen Pädagogik, die bis weit in das 20. Jahrhundert hinein tonangebend war, wurde der Religion und insbesondere dem Christentum ganz selbstverständlich eine zentrale Bedeutung für die Bildung und Sozialisation zugesprochen (z. B. bei Hermann Nohl, Eduard Spranger).[145] Neben der Würdigung der kulturproduktiven Bedeutung des christlichen Denkens bestand in der Subjektorientierung eine gemeinsame Schnittstelle von Pädagogik und (neu)protestantischer Theologie. Zur Begründung bezog man sich auf die Philosophie des Idealismus und vollzog in einer Theorie der Subjektivität den Zusammenschluss mit dem religionstheoretisch-anthropologischen Begründungsstrang. Das ermöglichte es, ‚Religion' als Teil eines umfassenden Bildungs- und Sozialisationsgeschehens vom Kind aus zu denken. In dieser Perspektive wird Religion nicht als geschlossener kognitiver Wissensbestand gelehrt, vielmehr wird der objektive Charakter der Religion mit Hilfe der historischen Kritik auf Distanz gebracht. Im Fokus steht die auf die Subjektwerdung bezogene Dimension von Religion, die gemäß der Entwicklungsstadien von Kindern und Jugendlichen vermittelt und in enger Verbindung mit den anderen Elementen von Bildung und Sozialisation gelehrt werden kann.[146]

Auf der *anderen* Seite wird jenseits der historischen Traditionslinie auf die Gegenwartsbedeutung der Religion als Teil des sozialen Lebens abgestellt. Die religiösen Feste strukturieren bis heute das Jahr in Arbeitstage und arbeitsfreie Zeiten. Im öffent-

5. Die bildungs- und sozialisationstheoretische Begründung 75

lichen Raum begegnen sich Kirchen, Moscheen und Synagogen und die säkulare Gesellschaft. Religiöse Einrichtungen übernehmen hochanteilig Aufgaben in der freien Wohlfahrtspflege. Maßgebliche Werke der Hochkultur (Literatur, Musik, Kunst) wurden durch die religiösen Traditionen geprägt und sind Teil der gegenwärtigen Inszenierung des ästhetischen Lebens. Immer wieder wird (nicht nur von den Religionsgemeinschaften) hervorgehoben, dass die Religionen einen wichtigen Anteil an der Reproduktion sozialer Sinn- und Moralressourcen haben, die das Gemeinwesen benötigt.[147] Noch immer ist insgesamt mehr als die Hälfte der deutschen Bevölkerung auch in einem formellen Sinn Mitglied einer Religionsgemeinschaft; dazu kommen die Menschen, die sich einer religiösen Tradition verpflichtet fühlen, ohne förmlich Mitglied einer entsprechenden Institution oder Organisation zu sein. Das bildungstheoretische Argument für den schulischen Religionsunterricht lautet daher: Der Erziehungs-, Bildungs- und Sozialisationsauftrag der Schule würde schlicht nicht erfüllt, würde man die in diesem Sinne maßgeblichen religiösen Traditionen im Schulunterricht nicht aufgreifen und behandeln.[148] Der konfessionelle Religionsunterricht ist hierfür eine bewährte (keine zwingende), aber naheliegende Möglichkeit, sofern man sie als eine grundsätzlich bewährte und an die sich wandelnden Bildungs- und Sozialisationsbedingungen anpassungsfähige Option versteht.[149]

Das tun insbesondere die christlichen Kirchen und argumentieren: Gerade weil in Zeiten fortschreitender Säkularisierung die religiöse Erziehung in Familie und Kirche weitgehend ausfällt, muss das Ziel einer umfassenden, die Religion einschließenden Bildung durch die Schule und zwar durch den konfessionellen Religionsunterricht erreicht werden. Daher entwickelt die EKD ihre Vorstellung vom konfessionellen Religionsunterricht an öffentlichen Schulen in Kontinuität zu ihren bisherigen kirchlichen Verlautbarungen ausdrücklich aus dem Bildungsauftrag der Schule: Religion ist Teil der humanen Bildung, der die

Schule insgesamt verpflichtet ist. Da diese Bildung zunehmend weniger in der Familie und von der Kirche geleistet wird, ergibt sich die Forderung, dass stattdessen die Schule das Recht der Schülerinnen und Schüler auf religiöse Bildung zu erfüllen hat.[150] „Als religionsbezogene Bildung ergänzt der Religionsunterricht das Spektrum der schulischen Bildungsmöglichkeiten"[151]. Diese Schlussfolgerung wird rechtfertigungstheologisch eingeholt mit der „Zusage, dass alle Menschen Gottes geliebte Geschöpfe sind. Deshalb versteht sich der evangelische Religionsunterricht auch im Sinne der Inklusion als ein Angebot für alle Kinder und Jugendlichen"[152]. In einer neueren Stellungnahme wird versichert: „Religiöse Bildung wird durch den [...] Religionsunterricht in besonderer Weise gewährleistet, aber auch durch Fächer wie Werte und Normen, Ethik und Philosophie unterstützt, sofern sie ein Grundverständnis von Religion als Sinndeutung des Lebens und als kulturelle Tradition vermitteln."[153] Diese Haltung wurde gerade angesichts der wachsenden Konfessionslosigkeit im Jahre 2020 noch einmal unterstrichen und zu den eigentlichen Inhalten des Religionsunterrichtes erhoben. Der konfessionelle Religionsunterricht wird sogar als Möglichkeit und Chance gesehen, (der großen Gruppe der Konfessionslosen) „Raum für Erfahrungen mit christlicher Religion zu geben"[154] und an das Bildungs- und Sozialisationsziel heranzuführen.

Die hier wiedergegebene Argumentation ist jedoch in gewisser Weise zweischneidig. Denn dass der schulische Religionsunterricht den Ausfall familialer religiöser Erziehung (und kirchlicher Bildung) ausgleichend ergänzen soll, ist nur unter der heiklen Bedingung triftig, dass es den konfessionellen Religionsunterricht gerade – trotzdem – auch aus Sicht gerade dieser gleichen Eltern für ihre Kinder als ordentliches Lehrfach geben soll. Dies kann jedoch eben mit dem Hinweis auf den gleichen Elternwillen, der für den Ausfall der familialen und kirchlichen religiösen Erziehung und Bildung (mit-)verantwortlich ist, bestritten werden. Stellt man nämlich die nachlassende Bindungswirkung der religiösen Traditionen und den Rückgang des Interesses an den Bildungsangeboten der Religionsgemeinschaften (Kirchen) in Rechnung und deutet es nicht als Schicksal, sondern als Ausdruck bewusst getroffener Entscheidungen, wäre eher der Schluss naheliegend, den Religionsunterricht an den Schulen religionskundlich anzulegen, um elementares Wissen über die gesellschaftlich virulenten Religionen allererst zu vermitteln. Anders gewendet: Der Elternwille, der auf religiöse Erziehung in der Phase der familialen Früherziehung verzichtet und auch die kirchlichen Angebote zur religiösen Bildung ihrer Kinder ausschlägt, kann mit Blick auf den konfessionellen Religionsunterricht in der Schule nicht einfach stillschweigend als bejaht vorausgesetzt werden, sondern wäre zu respektieren. Das bedeutet: Eine ‚einfache' Kompensation der ausfallenden familialen und religionsgemeinschaftlichen religiösen Sozialisation durch den schulischen Religionsunterricht wäre nicht plausibel.

Der bildungs- und sozialisationstheoretische Begründungsgang kann spezifisch nur dann den konfessionellen Religionsunterricht erreichen, wenn er mit dem religionstheoretischen und dem kulturstaatlichen Argument verknüpft wird. Dann wäre auch der von der EKD vorgelegte Vorschlag gedeckt, dass der evangelische Religionsunterricht grundsätzlich auch für Schüler und Schülerinnen offen ist, die im Rahmen ihrer Primärsozialisation keinen Kontakt mit Religion hatten, der aber nur dann sachlich angemessen unterrichtet werden kann, wenn zugleich die spezifisch religiöse Perspektive mitvermittelt wird. Eine solche Kombination der Gedanken- und Begründungsgänge hat Bernhard Dressler vorgelegt.

Dressler geht von einem neuhumanistischen Bildungsbegriff aus, knüpft dabei an den Erziehungswissenschaftler Dietrich Benner an und versteht das Ziel der schulischen Bildung als den Eintritt des Einzelnen in die vernünftige gesellschaftliche „Gesamtpraxis"[155]. Dieser Begriff deutet schon an, dass es keine „einheitswissenschaftliche[ ] Weltsicht"[156] gibt, vielmehr „unterschiedliche Weltzugänge, unterschiedliche Horizonte des Weltverstehens […], die […] nicht wechselseitig substituierbar sind und auch nicht nach Geltungshierarchien zu ordnen sind"[157]. Daraus lassen sich die schulischen Fächer oder Domänen entwickeln, die auf ihre Funktion, diese Modi des Weltverstehens zu erschließen, bezogen sind. Sie haben keine berufsvorbereitende Funktion.[158] Ziel ist es, im Rahmen der Modi des Weltverstehens eine Urteilsfähigkeit zu erreichen, die eine „Experten-Laien-Kommunikation" ermöglicht, die den mündigen Bürger auszeichnet.[159] In diese umfassende Bildungsidee ist die religiöse Dimension und damit die vitale Kultur des Christentums einzuzeichnen, in deren Deutungszusammenhang die Schüler eintreten sollen.[160]

Dressler versteht das Christentum in seinen unterschiedlichen konfessionellen Ausprägungen als eine selbständige Funktion des menschlichen Geistes. Schon die unterschiedlichen konfessionellen Ausprägungen zeigen, dass es historisch variabel und „in Bildungsprozessen für Umbildungen freigegeben"[161] ist. Diese Umbildungen kommen zustande durch kontextveranlasste Deutung und Weiterbildung der religiösen Vorstellungen, die in Wechselwirkung zum Bildungsgut der jeweiligen Epoche stehen. Dadurch hat das Christentum eine innere Affinität zur Bildung.[162] Religiöse Bildung ist daher nicht nur ein konstitutiver Teil der allgemeinen Bildung, sondern drängt wegen seiner Deutungsstruktur selbst auf Bildung, indem es die ihm verknüpfte Reflexivität kultiviert. Religion ist damit einerseits Teil der Bildung und zugleich der Ort, an dem Grund und Grenze humanen Bildungsstrebens sich selbst durchsichtig wird. Das religiöse Bildungsziel bestimmt Dressler daher als „Fähigkeit, situativ angemessen die Sprachspiele wechseln zu können, […], die wechselseitige Anschlussfähigkeit unterschiedlicher Sprach- und Rationalitätsformen erkennen zu können, was sich u.a. an der gelingenden Sprachgestalt der Übergänge zwischen religiöser (symbolischer, narrativer, liturgischer) Kommunikation und diskursiver Rede erweist. Für religiöse Bildungsprozesse ist nicht nur die Befähigung zur Perspektivenunterscheidung, sondern der Wechsel zwischen Binnen- und Außenperspektive selbst konstitutiv. [...] Religionsdidaktisch lässt sich [...] von der Spannung zwischen Teilnahme und Beobachtung sprechen und ein Spektrum unterschiedlicher Distanzspielräume zwischen teilnehmender Beobachtung und beobachtender Teilnahme öffnen."[163] Die Einübung in diese Dialektik sei letztlich für die gesamte schulische Bildung charakteristisch.[164] Dies gilt auch für den Religionsunterricht, der aber neben seinem Fachstatus jene schulfachübergreifende Meta-Ebene mitbesetzen soll: „Wenn die christliche Religion protestantischer Spielart als Praxis der Welt- und Lebensdeutung verstanden wird, wird in der protestantischen Theologie der Deutungsgedanke selbst gedeutet."[165]

Die Einführung in die Deutungswelt und das Einüben des wegen seiner Metafunktion bildungs- und sozialisationstheoretisch unverzichtbaren religionsspezifischen Deutungsvollzuges bedeutet für Dressler, dass der schulische Religionsunterricht „Deutungskompetenz und Partizipationskompetenz" gemeinsam vermitteln muss.[166] Daher plädiert er für eine performanzorientierte Religionsdidaktik, die die spezifische Form und den spezifischen Inhalt der religiösen Kommunikation mit samt ihren offenen Horizonten und Sinn-Ambiguitäten in experimenteller Weise oder auf Probe inszeniert.[167] Die Lehrkraft tritt nicht als Vertreter der Kirche oder als Bürge der konfessionellen Wahrheit auf, sondern als „Zeiger" bzw. – mit Blick auf die zunehmende Säkularisierung als *„Fremdenführer"*[168]. Ihre Aufgabe besteht darin, Religion als eine kulturelle Praxis im Horizont einer bestimmten religiös-konfessionellen Tradition zu präsentieren. Dabei bringen die Lehrkräfte ihre eigenen religiösen Partizipationserfahrungen in einer für die Schüler identifizierbaren Weise ein, deren Unmittelbarkeit aber durch die bewusste Annahme der „Rolle" und das professionelle Wissen ‚gebrochen' wird. „*Religion* soll gezeigt werden können, ohne dass die Religionslehrkräfte einfach nur *sich selbst* als religiöse Menschen zeigen. Authentizität ist also nicht im Sinne von Selbstinszenierung zu verstehen [...], sondern als didaktisch-inszenatorisch gebrochene Authentizität."[169] Das Ziel besteht darin, „in der Schule der Moderne eine religiöse Lebensführung als *Möglichkeit* einer Lebensführung in der Moderne [...]"[170] zu eröffnen. Es geht also nicht darum, die gelebte Religion „klerikal zu normieren oder zu überformen"[171], sondern in religionsunterrichtlichen Bildungsprozessen den Schülern Zugänge zur Religion zu eröffnen und dort, wo Religion bislang unbekannt war, ein partizipatives Kennenlernen mit der Deutungskraft der Religion zu ermöglichen, die bei einer rein außenperspektivischen Vermittlung im Ansatz verfehlt würde.

Eine Variante der bei Dressler vorliegenden Kombination der Begründungen hat Bernd Schröder vorgelegt und die „Doppelthese" aufgestellt: „Christliche Religion bedarf der Bildung und Bildung bedarf des Bezugs auf Religion im Sinne bestimmter Religionen, in unserem Kontext: auf Christentum, Judentum oder Islam."[172] Bildung als Vollzug der Subjektwerdung ist nach Schröder „[...] religiös (grundiert) und deshalb ist die Thematisierung von Religion [...] als Teil jeder Bildung unverzichtbar. Dementsprechend wollen Theologie und Religionspädagogik keiner ‚Theorie religiöser Bildung' (als einer Bereichsbildung) das Wort reden, sondern zu einer sachgemäßen [...] allgemeinen Bildungstheorie beitragen"[173]. In diesem Sinne gibt es eine evangelische Bildungsverantwortung, die normativ grundiert ist. Sie steht nämlich im Dienst der „Subjektwerdung", deren Ziel als qualifizierte Freiheit bestimmt wird. Das Subjekt „gestaltet sein Leben in Freiheit. Es übernimmt in seinem Handeln Verantwortung für sich selbst, für andere Individuen und seine gesellschaftliche wie natürliche Umwelt."[174] Den (rechtfertigungs-)theologischen Gehalt dieses Freiheitsverständnisses als Ziel der christlichen Bildung deutet Schröder als von Gott her ermöglichten Umgang mit der Negativität von Freiheit, den er mit den Stichworten „Unterbrechung von Unbefriedigendem", „Anerkennung von Fragmentarischem" und „Entschuldung von Unentschuldbaren" entfaltet.[175] Der christliche Glaube leitet also zum vertieften Umgang mit dem Freiheitsleben an. Die religionspädagogische Hauptaufgabe besteht darin, die Subjektwerdung zu fördern, die Voraussetzung des Freiheitslebens ist.

Die Begründungsleistung dieses Gedankens für den konfessionellen Religionsunterricht ergibt sich für Schröder daraus, dass das „bildungstheoretische[ ] Argument […] das religiöse ‚commitment' der Lehrenden und der Lernenden gleichermaßen voraussetzt, fördert und anstiftet" und zugleich „Institutionen und Repräsentanten gelebter Religion mit in die Verantwortung nimmt."[176] Anders gewendet: Weil Religion als wesentliche Dimension reflektierter Freiheit aufgefasst und somit in die nur als Bildung sich vollziehende Subjektwerdung hineingehört, ist sie auch im schulischen Religionsunterricht vorzüglich in derjenigen Perspektive („story"[177]) zu unterrichten, in der dieses Freiheitsleben von den Beteiligten vollzogen und selbst gedeutet wird.

Zusammenfassung

Das Christentum wird in dieser Argumentationslinie als kulturprägende Bildungsmacht verstanden, dessen Kenntnis und mögliche Aneignung zur Bildungs- und Sozialisationsaufgabe der Schule gehört. Wegen seiner inneren Struktur als exemplarische Einübung in den von der Transzendenz her eröffneten Selbstumgang (Religion) ist es sachlich angemessen, ihn aus der jeweils erschlossenen religiösen Perspektive zu unterrichten, wofür sich unter den religionsverfassungsrechtlichen Bedingungen der Bundesrepublik Deutschland das Modell des konfessionellen Religionsunterrichts anbietet, nicht zuletzt deshalb, weil es die vom Staat verordnete Schulpflicht mit der Freiheit zur Religionsausübung unter der Bedingung unterrichtlicher Formen verbindet.

Damit sind noch einmal starke Argumente für den schulischen Religionsunterricht in der Bekenntnisperspektive der Religionen gefallen. Im Ergebnis zeigt sich freilich erneut ein multiples Spannungsverhältnis. Tritt der konfessionelle Religionsunterricht in der von den Kirchen gewünschten Weise kompensativ für die schwächelnde religiöse Bildung in Familie und Kirche ein und wird er gewissermaßen zur primären religiösen Bildungs- und Sozialisationsinstanz, dann stärkt dies die Stellung und Bedeutung der an der Schule gelehrten Religion. Sie wird zur religiösen Hauptsozialisationsinstanz, und dies mit zwei Effekten. *Einmal* gewinnen im konfessionellen Religionsunterricht die religionskundlichen Anteile mehr Bedeutung und überlagern womöglich die konfessionsspezifischen zunehmend. Man spricht daher von einer „Versachkundlichung" des konfessionellen Religionsunterrichts.[178] *Sodann* wird das Bekenntnis bzw. die Lehre der an der Konzeption des Religionsunterrichts mitwirkenden Religionsgemeinschaft durch curriculare Aufbereitung für den Unterricht in den unterschiedlichen Schulstufen und -arten gefiltert und begegnet den Schülern auf Grund der existenziellen Bedeutung der religiösen Erfahrung vor allem in der ,Brechung' der religiösen Position bzw. individuellen Theologie der jeweiligen Lehrkraft. Dieser Artefakt „Schulreligion" ist es nun, der an die Stelle der in Familie und Kirche gelebten Religion tritt. Oder anders: die akademisch bzw. curricular temperierte, religionskundlich und reflexiv aufgeladene ,Schulreligion' wird durch die Dominanz der schulischen Bildung und Sozialisation zum Regelfall der religiösen Erziehung, die in die Gesellschaft ausstrahlt und die bereits erörterten Spannungseinheiten intensivieren könnte.

Die Kirchen reagieren auf diese Entwicklung in unterschiedlicher, aber äquivalenter Weise: Während in der evangelischen Religionspädagogik und -didaktik auf performative, also auf religiöse Partizipation abstellende Formen des Religionsunterrichts zunehmend Wert gelegt wird und man überdies mit Nachdruck die außerhalb des Religionsunterrichts an den Schulen präsente bzw. präsent zu machende Religion an der Schule betont (Gottesdienste bzw. religiöse Feiern für die ganze Schule, auch Schulseelsorge[179]), kritisieren die katholischen Bischöfe ebendiese Entwicklung, insistieren auf der Kirchlichkeit des schulischen Religionsunterrichts und betonen dessen Orientierung und Rückbindung an die kirchliche Praxis.[180]

Damit stehen wir bei den Begründungen für den Religionsunterricht, die die Kirchen für den schulischen Religionsunterricht selber geben.

6. Die Begründungen der Religionsgemeinschaften. Keine Verkündigung?

In diesem Abschnitt wird exemplarisch auf die von den großen christlichen Kirchen veröffentlichten Begründungen für den konfessionellen Religionsunterricht eingegangen. Eine vergleichbar üppige Veröffentlichungsgeschichte und -praxis gibt es auf Seiten der kleineren christlichen Kirchen, des Zentralrats der Juden in Deutschland und der muslimischen Verbände und Organisationen nicht. Auf einige Stimmen aus diesen Religionsgemeinschaften wird unten kurz eingegangen.

Es ist ein auffälliger Sachverhalt, dass sich die christlichen Kirchen zur Begründung ihrer Mitwirkung am schulischen Religionsunterricht kaum in einer direkten Weise auf ihr Bekenntnis oder ihre Lehre beziehen, sondern die kirchliche Mitverantwortung am schulischen Bildungsziel entweder in Rekapitulation der genetischen Zusammenhänge als *historisch* oder mit Blick auf die religionsverfassungsrechtlichen Bestimmungen als *positiv gegeben* voraussetzen. Der in der rechtswissenschaftlichen Literatur durchaus übliche Hinweis auf den kirchlichen Verkündigungsauftrag, aus dem sich die Mitwirkung am konfessionellen Religionsunterricht leicht ableiten lässt,[181] wird in der praktisch-theologischen bzw. religionspädagogischen Literatur allenfalls beiläufig aufgegriffen. Kerygmatische oder missionarische Argumente findet man selten, ebenso wenig Ableitungen, die in Verbindung mit den Kirchenartikeln der reformatorischen Bekenntnisschriften stehen. In diesem Fall würde der schulische Religionsunterricht als Variante des zur öffentlichen Verkündigung des Evangeliums eingesetzten kirchlichen Predigtamtes nach CA V, VII, XIV und XV verstanden. Dieser Hinweis ist deswegen nicht trivial, weil in der kirchlichen „*Vocatio*" für die evangelischen Lehrkräfte das für das „*publice docere*" des Evangeliums erforderliche „*rite vocatus*" der Amtsträger noch immer durchschimmert, obwohl in der Begründung des Religionsunterrichts dieser Bezug kaum noch erwähnt wird.

Während man auf Seiten der EKD und der evangelischen Religionspädagogik für diesen Zweck jenes im vorherigen Abschnitt beschriebene neuhumanistische Bildungsideal rezipiert, geht die römisch-katholische Kirche zunächst von einem in der Sache ähnlich gelagerten Bildungsverständnis aus, das aber durch „die bildende Kraft im Evangelium"[182] überformt und gesteigert wird.

Im Einzelnen

Klassischerweise gilt der schulische Religionsunterricht nicht nur als Ort der Weitergabe des Glaubenswissens in Gestalt einer gegenwartsbezogenen Deutung des christlichen Lebens, sondern auch als Teil der Wirksamkeit des Christentums auf die Gesamtgesellschaft.[183] Im Hintergrund steht, wie oben dargelegt, die von Ernst Troeltsch maßgeblich inspirierte Theorie des Christentums, die dessen Bedeutung auch jenseits der Kirche(n) beschreiben will. In dieser Perspektive ist der schulische Religionsunterricht ein eigenständiger Ort der Realisierung des Christentums.

Im gegenwärtigen Diskurs wird dies mit der von Christian Grethlein geprägten Theorie der „Kommunikation des Evan-

6. Die Begründungen der Religionsgemeinschaften

geliums" beschrieben. „Kommunikation des Evangeliums" ist diejenige Formel, die die spezifische Lebensäußerung der christlichen Kirchen umfasst, die in unterschiedlichen Sozialzusammenhängen umgesetzt wird. Die Schule „ist [...] eine wichtige Institution für die Kommunikation des Evangeliums"[184]. Der Religionsunterricht „stellt eine Chance dar, viele Menschen in Kindheit und Jugend über etliche Jahre zu erreichen. [...] Positiv ermöglicht der Ort des Religionsunterrichts in den öffentlichen Schulen den Kontakt mit den wichtigen Wissensgebieten gegenwärtiger Kultur."[185] Diesen Hinweis greift Bernd Schröder auf und verbindet die „Kommunikation des Evangeliums" mit dem Bildungsbegriff, den er historisch und systematisch rekonstruiert und zu dem bereits oben erläuterten Ergebnis kommt „Christliche Religion bedarf der Bildung und Bildung bedarf des Bezugs auf Religion im Sinne bestimmter Religionen, in unserem Kontext: auf Christentum, Judentum oder Islam."[186] Dieses Bildungsverständnis, das in evangelischer Perspektive rechtfertigungstheologisch interpretiert werden kann und das zur Begründung für den schulischen Religionsunterricht herangezogen wird, ist nur noch indirekt mit der buchstäblichen Bekenntnistradition der evangelischen Kirchen vermittelt. Tatsächlich hat Schröder mehrfach den Begriff der Konfession kritisiert und vorgeschlagen, die Differenzen zwischen den religiösen Traditionen auf den weicheren Begriff der Ligatur zu bringen[187]. Vor dem Hintergrund der religionskulturellen Veränderungen sieht er die Differenz von „konfessionellem" und „kundlichem" Religionsunterricht entspannt und plädiert angesichts der Pluralisierung für eine regionalkontext-orientierte Organisation des Religionsunterrichts, für Begegnungsorientierung, für eine religionsunterrichtliche Öffnung zu den anderen Konfessionen und Religionen.

Dieser Herabstufung des Kirchenbezugs im evangelischen Diskurs entspricht, dass auch in den kirchlichen Texten der schulische Religionsunterricht nicht als „Instrument kirchlicher

Bestandssicherung"[188] gesehen wird. Vielmehr „muss er ‚wie jedes Fach' aus dem ‚Bildungsauftrag der Schule' begründet werden. Insofern ist der Auftrag des Religionsunterrichts primär in pädagogischen Begriffen zu entfalten, aber in seiner evangelischen Ausrichtung muss er zugleich theologisch und kirchlich verantwortet werden."[189] Das mit dem Religionsunterricht zu erreichende Bildungsziel besteht darin, Kindern und Jugendlichen „eine ihnen sonst nicht verfügbare Möglichkeit" zu bieten, „sich im Blick auf religiöse Grundfragen des eigenen Lebens […] zu orientieren und den eigenen Glauben zu klären."[190] Dazu gehört, dass „ein Unterricht erteilt wird, in dem Kinder und Jugendliche die christliche Überlieferung in authentischer Form kennenlernen können"[191]. Die Authentizität begründet hier die Konfessionalität des Religionsunterrichts, die rechtfertigungstheologisch eingeholt wird: „Im Zentrum dieser Botschaft steht die Zusage, dass alle Menschen Gottes geliebte Geschöpfe sind. Deshalb versteht sich der evangelische Religionsunterricht auch im Sinne der Inklusion als Angebot für alle Kinder und Jugendlichen. Die unverlierbare, weil von Gott zugesprochene Gottesebenbildlichkeit begründet in der Sicht der evangelischen Kirche die für alle Menschen gleiche Würde unabhängig von ihrer Lern- und Leistungsfähigkeit."[192] An dem letzten Zitat wird deutlich, dass die rechtfertigungstheologische Begründung der Aufgabe des Religionsunterrichts nicht nur auf dessen inklusive Durchführung drängt, sondern ausdrücklich als Angebot für „alle Kinder und Jugendlichen" verstanden wird, also nicht ausschließlich an die Mitglieder der evangelischen Kirche gerichtet ist.

Die gleiche Begründungs- und Argumentationslogik findet sich auch in dem Dokument „Religiöse Bildung in der migrationssensiblen Schule", in dem in das vorausgesetzte „Recht auf Bildung" (These 1) die „religiöse Bildung" als „ein Recht und eine Notwendigkeit" (These 2) eingezeichnet wird, die vor dem Hintergrund der hohen Zahl an Migration „migrationssensibel und religionssensibel" zu gestalten ist: „Eine steigende Zahl

6. Die Begründungen der Religionsgemeinschaften

von Schülerinnen und Schülern mit Migrationshintergrund und vielgestaltiger Religionszugehörigkeit unterstreicht die Notwendigkeit, den Religionsunterricht dialogisch und kooperativ weiterzuentwickeln."[193] Auch hier wird die (dialogische und kooperative) Öffnung des evangelischen Religionsunterrichts deutlich. Neben fächerübergreifenden Maßnahmen möchte man den konfessionellen Religionsunterricht als denjenigen Ort in der Schule stark machen, in dem die nun erforderliche notwendige Migrations- und Religionssensibilität in besonderer Weise ausgeprägt ist, weil hier Religion binnenperspektivisch und zugleich reflektiert vermittelt wird.[194] In diesem Zusammenhang wird der Begriff des „bildungsdiakonischen Handeln[s]"[195] verwendet. Auch hier begegnet die in den Texten der EKD zum Thema Religionsunterricht wirksame Tendenz, den evangelischen Religionsunterricht als ein Angebot für alle Schülerinnen und Schüler zu verstehen, das über das Schulfach hinaus wichtige Impulse für die Gestaltung des gesamten Schullebens gibt.

– Ähnlich, aber doch signifikant anders argumentiert die römisch-katholische Kirche. Ähnlich, weil man ebenfalls von einem allgemeinen Bildungsbegriff ausgeht. Anders, weil der Kirchenbezug des Religionsunterrichts sehr stark gemacht wird. Ein noch immer maßgebliches, bis 2009 immer wieder aufgelegtes Dokument der Deutschen Bischofskonferenz aus dem Jahre 1996, in dem eingangs der zunehmende Verlust kirchlicher Bindung und familialer Religionspraxis beschrieben wird, begründet die „bildende Kraft des Religionsunterrichts" aus einem allgemeinen Bildungsverständnis, bei dem man auf eine enge Verbindung von Selbsttätigkeit, kultureller Orientierung und religiöser Identität abzielt. Darin wird „die bildende Kraft im Evangelium" eingezeichnet: „Das in Jesus Christus angesprochene Bildungspotential ist also das umfassende und wirksame Geliebtsein des Menschen und der Wirklichkeit durch Gott. Dieses Bildungspotential wird erfahren, wo immer geglaubt, gehofft, geliebt wird. Das Evangelium spricht auf diese Erfahrung an und macht sie ausdrücklich: du bist in deiner Freiheit gewollt und darfst liebend von ihr Gebrauch machen"[196]. Die Kirche wird als Hauptinstitution der Bildung gekennzeichnet und damit als das Subjekt der Bildung aller mit dem Evangelium verknüpften Bildungsprozesse, nach denen der Mensch mit seinen Fragen begehrt.[197] Zugleich wird die Bindung des katholischen Religionsunterrichts an die Lehren der Kirche betont und die kirchliche Sendung der Religionslehrkräfte eingeschärft: „Religionslehrerinnen und Religionslehrer stehen mit ihrer Person auch für den Glauben der Kirche ein. Sie sind gesandt, Zeugen des Glaubens in der Schule zu sein. Für viele Schülerinnen und Schüler sind sie die Kontaktpersonen zur Kirche. Religionslehrerinnen und Religionslehrer werden so zu Brückenbauern zwischen Kirche und Schule, zu Mittlern zwischen zwei Institutionen, unterschiedliche Kommunikations- und Organisationsformen ausgebildet und sich an manchen Orten entfremdet haben."[198] Auch hier wird klar ausgesprochen, dass der schulische Religionsunterricht den Ausfall der familialen und kirchlichen Vorsozialisation kompensieren soll. Dabei wird die von der Kirche gelehrte Wahrheit des Glaubens als Bildungsziel festgehalten. Die Förderung von Pluralismustauglichkeit und Toleranz einschließende Urteils- und Dialogfähigkeit, die von der DBK herausgearbeitet und betont werden, sind eher Mittel zum Zweck. Der Religionsunterricht sei kein Ort für einen „unverbindlichen Austausch" oder einen „relativistischen Beliebigkeitspluralismus"[199]. Der Austausch mit anderen religiösen und weltanschaulichen Positionen erfolge vielmehr auf der Basis einer „gesprächsfähigen Identität"[200]: „In diesem Sinne versucht der katholische Religionsunterricht, den Glauben im Dialog mit den Erfahrungen und Überzeugungen der Schülerinnen und Schüler, mit dem Wissen und den Erkenntnissen der anderen Fächer, mit den gegenwärtigen Positionen anderer Konfessionen, Religionen und Weltanschauungen zu erschließen."[201]

6. Die Begründungen der Religionsgemeinschaften

In einem neueren Text von 2005 (und Folgeauflagen) verschiebt sich die Grundlegung des Bildungsverständnisses von der Christologie zur Anthropologie: „Zum Konzept allgemeiner Bildung gehört das Nachdenken über die Ziele und Zwecke individuellen und gesellschaftlichen Handelns, über den Sinn des eigenen Lebens und über die Einheit der Wirklichkeit. Schon Kinder und Jugendliche stellen die großen Fragen der Menschheit wie ‚Was ist der Mensch?', ‚Was ist Sinn und Ziel unseres Lebens?' [...] In unserer pluralistischen Gesellschaft treffen sie auf unterschiedliche religiöse und säkulare Antworten. Die letzten Fragen, die zum Menschsein gehören und die religiöse Pluralität der Antworten bilden eine pädagogische Herausforderung, der sich auch die Schule stellen muss. Die Bedeutung religiöser Bildung wird deshalb in der gegenwärtigen Debatte zur Schulreform allgemein anerkannt. Denn Religion eröffnet einen eigenen Zugang zur Wirklichkeit, der durch keinen anderen Modus der Welt-Erfahrung ersetzt werden kann. Der Ort religiöser Bildung in der Schule ist primär der Religionsunterricht. Die Antworten auf die letzten Fragen des Menschen kann der religiös und weltanschaulich neutrale Staat nicht selbst geben. Deshalb kooperiert er mit den Kirchen und Religionsgemeinschaften, die für die Ziele und Inhalte des Religionsunterrichts verantwortlich sind."[202] Der kirchliche Bezug des Religionsunterrichts wird nun etwas weniger deutlich akzentuiert, die Subjektorientierung des Religionsunterrichts wird stärker betont. Der katholische Religionsunterricht will „die Schülerinnen und Schüler zu verantwortlichem Denken und Verhalten im Hinblick auf Religion und Glaube befähigen und zur Entwicklung einer gesprächsfähigen Identität beitragen [...]."[203] Dies schließt ein die „Hinführung zu einer konkret erfahrbaren und anschaulichen religiösen Lebenswelt" wie die „Erziehung [...] zur ‚Anerkennung der Andersheit des anderen'. Der katholische Religionsunterricht, der zur freien Entscheidung und Herausbildung eines eigenen Standpunktes befähigen will, fördert auch die Tugend der Toleranz."[204] Während diese Zielbestimmungen nun in eine ähnliche Richtung gehen, wie sie in den Dokumenten der EKD erkennbar ist, wird nachgeordnet von den Bischöfen die Bedeutung des schulischen Religionsunterrichts für die katholische Kirche selbst betont und damit verteidigt: „Deshalb ist der Religionsunterricht in der Schule für die Kirche von großer Bedeutung. Als [...] Ort des Dialogs kann der Religionsunterricht der stets drohenden gesellschaftlichen und intellektuellen Isolierung der Kirche entgegenwirken."[205]

– Eine ausgearbeitete Bildungstheorie liegt in den christlichen **Orthodoxien** in Deutschland nicht vor.[206] Man findet sich jedoch in dem allgemein beschriebenen Beitrag des Religionsunterrichts zum schulischen Bildungs- und Erziehungsauftrag wieder und sieht in ihm die Chance zur Mitwirkung an der freien „Persönlichkeitsentwicklung und Identitätsbildung orthodoxer SuS sowie ihre[r] verantwortungsvolle[n] Mitgestaltung des Zusammenlebens der demokratischen und pluralen Gesellschaft Deutschlands."[207] In einem Hirtenwort der Orthodoxen Bischofskonferenz in Deutschland zum Religionsunterricht wird die vom Grundgesetz und vielen Landesverfassungen eingeräumte Möglichkeit zur Durchführung eines orthodoxen Religionsunterrichtes als Möglichkeit zur religiös begründeten Identitätsstiftung begrüßt, die gerade für eine Minderheit in einer Diaspora von großer Bedeutung ist: „Für die meisten von uns ist das Orthodox-Sein unser spezifisches Merkmal und unsere Kirche ein Stück Heimat. Deshalb leistet der Orthodoxe Religionsunterricht einen wichtigen Beitrag zum Zusammenwachsen der orthodoxen Christinnen und Christen in der Bundesrepublik. Hier begegnen sich unsere Kinder und nehmen sich gegenseitig als Geschwister im gemeinsamen orthodoxen Glauben [...] wahr."[208]

Will man die Position der christlichen Kirchen zum Religionsunterricht zusammenfassen, ergibt sich folgendes Bild:

6. Die Begründungen der Religionsgemeinschaften

Die großen Kirchen argumentieren zur Begründung des konfessionellen Religionsunterrichts ausgehend von einem theologisch je etwas unterschiedlich interpretierten Bildungsbegriff, mit dem sie den kategorialen und schulpädagogischen Anschluss an die schulische Bildung herstellen. Sie verstehen sich dabei als Kooperationspartner des Staates, der den Religionsunterricht durchführt, während man selbst für dessen Inhalte verantwortlich zeichnet. Die von den Kirchen ausgegebenen Ziele des Religionsunterrichts, hier stichwortartig mit „religiöse Identität", „Pluralismusfähigkeit" und „Toleranz", „Kooperation und Dialog" bezeichnet, verhalten sich komplementär zu den vom Staat der schulischen Bildung schulgesetzlich vorgegebenen ethischen Normen und tragen der Pluralität des konfessionellen Religionsunterrichts an den Schulen in ethischer Hinsicht Rechnung. Ein Argument gegen die Ausweitung des konfessionellen Religionsunterrichts auf andere Religionsgemeinschaften findet sich nicht, vielmehr wird dies von den Kirchen ausdrücklich befürwortet. Mit ihrer konzeptionellen Subjektorientierung und der Betonung der negativen Religionsfreiheit stellen sich die Kirchen in die Tradition der neuzeitlichen Freiheitsgeschichte, die sich auch im Selbstverständnis des Grundgesetzes niederschlägt. Deutlich wird freilich ein jeweils etwas anderer Kirchenbezug. Während im evangelischen Spektrum der evangelische Religionsunterricht praktisch allgemein als ein Angebot für alle Schüler verstanden wird, in dem eine exemplarische Einführung in den fundierenden Charakter von Religion als solcher erfolgt, wird der katholische Religionsunterricht in erster Linie auf katholische Schüler und das kirchliche Leben bezogen. Gleiches gilt für die Kirchen der Orthodoxie, die überdies den Minderheitenstatus betonen. Insofern bewegen sich auf programmatischer Ebene der katholische und der orthodoxe Religionsunterricht innerhalb des überkommenen religionsverfassungsrechtlichen Grundverständnisses, während der evangelische Religionsunterricht Akzente auch jenseits der strikten Konfessionalität setzt, indem er sich für alle Schüler öffnet und das gesamte Schulleben als Ort seiner Realisierung sieht (Schulgottesdienste, Schulseelsorge etc.). In dieser Programmatik wirken die Unterscheidung von Kirche und Christentum und das protestantische Staatsverständnis mit seinem kulturstaatlichen bzw. staatsethischen Durchdringungsverhältnis fort und könnten sich damit auch für neue Formen als offen erweisen.

– Von Vertretern des **Judentums** wird der Religionsunterricht nach Art. 7 Abs. 3 GG einesteils aus der Situation der religiösen Minderheit, anderenteils theologisch begründet. „Es ist eine Chance, gerade auch für religiöse Minderheiten, auf diese Weise eine deutliche Stimme in der Öffentlichkeit erheben zu können. Es ist gut für unsere Gesellschaft, wenn auch die kleineren Religionen den öffentlichen Raum – und insbesondere die Schule, in der die nächste Generation geprägt wird – mitgestalten. […] Die Jüdische Gemeinde braucht die Verankerung des Religionsunterrichts in der Schule, denn nur dann hat der Unterricht eine reale Chance, die Mehrzahl unserer Kinder und Jugendlichen zu erreichen", heißt es in einem Text der Rabbinerin Gesa Ederberg.[209] Innerhalb der christlich geprägten, zunehmend säkular werdenden Mehrheitsgesellschaft und ihres Schulsystems bildet der jüdische Religionsunterricht „so etwas wie eine Oase für jüdische Kinder"[210]. Er dient nicht nur dem Aufbau und der Festigung der jüdischen Identität, sondern ist auch derjenige Ort, an dem der Diskurs mit der gesellschaftlichen Umwelt eingeübt „und auf ein Leben in einer säkularen Welt"[211] vorbereitet wird. In der Perspektive einer religiösen Minderheit wird die Freiheit ermöglichende Bedeutung des Religionsunterrichts unter der Bedingung der allgemeinen Schulpflicht in besonderer Weise betont.[212] In theologischer Perspektive verweist der Religionsgelehrte Daniel Krochmalnik in bemerkenswerter Komprimiertheit auf den besonderen Beitrag der (jüdischen) Religion zur Bildung. In seinen Augen bildet der jüdische Religionsunterricht

6. Die Begründungen der Religionsgemeinschaften

auf der Position der „Transzendenzachse" eine „Schule der Distanz" zum Gegebenen wie „wissenschaftliche Beherrschbarkeit, technische Machbarkeit, pausenlose Leistungsfähigkeit". Auf der „Immanenzachse" ist der Religionsunterricht eine „Schule des Engagements" in der und für die gegebene Kultur. Als „Schule des Glaubens" sei er ein Identität stiftender „Orientierungspunkt" für die Schülerinnen und Schüler. Für die Umsetzung reiche es nicht, „wenn sich der Religionsunterricht nur auf die moralischen Ideale und emanzipatorischen Potentiale der Religion konzentriert, diese müssen vielmehr aus der Innensicht der besonderen Glaubenswelt entwickelt werden. Denn anders als im Ethikunterricht soll im Religionsunterricht nicht über Religion, sondern aus der Religion heraus gesprochen werden."[213]

– Von den Vertretern der **Islamischen Theologie** wird die Einführung des islamischen Religionsunterrichts vor allem als Bestandteil des staatlichen Erziehungsauftrages in der Schule nach Art. 7 Abs. 3 GG verstanden, auf den man sich regelmäßig und positiv bezieht. Die Gleichstellung des islamischen Religionsunterrichts mit den anderen Formen des konfessionellen Religionsunterrichts wird als Ausdruck der Anerkennung und Gleichberechtigung der Muslime in Deutschland interpretiert[214] und als Möglichkeit zur Stärkung ihrer Identität in der religiösen Minderheitssituation.[215] Es finden sich erste Ansätze dafür, den islamischen Religionsunterricht in den Kontext einer allgemeinen Bildungstheorie zu stellen.[216] Auch werden Hinweise gegeben auf die staatsethische Bedeutung des Religionsunterrichtes,[217] auf seine integrationspolitische Wirkung und – im Sinne von Troeltschs Temperierungsthese – auf die Fundamentalismus- und Extremismusprävention.[218]

7. Gegenkonzepte

Die hier vorgestellten Begründungslinien für den schulischen Religionsunterricht führen nicht auf eine eindeutige Begründung einer bestimmten Form des schulischen Religionsunterrichts, sondern zeigen unterschiedlich gelagerte Spannungseinheiten auf, in denen man sich im Verhältnis von Staat/Schule und Religion, aber auch innerhalb der staatlichen Verantwortung (z. B. Schulpflicht und Religionsfreiheit oder an der Schule gelehrte Religion und in den Religionsgemeinschaften gelebte Religion) bzw. auf den Gebieten der Bildung (Stoffvielfalt und didaktische Reduktion) und der Religion (z. B. Unverfügbarkeit der Transzendenz und religiöse Bildung als intergenerationelles Handeln) bewegt. Diese Spannungsvielfalt ist ein wichtiger Grund, warum kein einzelner Begründungsgang für sich genommen diese oder jene Form der Präsenz des Themas „Religion" an der Schule legitimieren kann. Eine solche Begründung ergibt sich erst aus der Kombination der Begründungslinien, die freilich von den konkreten Kontexten abhängig sein dürfte, zu denen nicht zuletzt die religionspolitische Willensbildung gehört. Mit Blick auf den konfessionellen Religionsunterricht nach Art. 7 Abs. 3 GG schließt das wesentlich die Kooperationsbereitschaft und -fähigkeit von Staat und Religionsgemeinschaften ein, die indes aus Gründen der Freiheit wiederum nicht erzwungen werden kann. Die Kooperationsfähigkeit und -willigkeit speist sich vielmehr aus den spezifischen Traditionen, in denen Staat und Religionsgemeinschaften in den jeweiligen Ländern zueinander stehen. Dabei dürfte mitentscheidend sein, ob die Freiheit auf Seiten von Staat und Religionsgemeinschaft dazu genutzt werden kann und wird, sich auf das Modell der akademisierten und insoweit temperierten Religion einzulassen.

Als Gegenstücke lassen sich nun zwei Ansätze interpretieren, die einen größeren Abstand von den Grundwertungen des Art. 7 Abs. 3 GG einfordern. Bei ihnen handelt es sich nicht um Ausdeutungen oder Weiterentwicklungen, sondern um Angebote einer Disruption: Sie zielen auf staatsbetonten Religionskundeunterricht bzw. auf ein dezidiert inklusiv-interreligiöses Einheitsmodell.

– Bereits im Jahr 2018 hatte der Bonner Sozialethiker Hartmut Kreß in seinem Buch *Staat und Person* dem klassischen Modell des bekenntnisgebundenen konfessionellen Religionsunterrichts eine äußerst kritische Analyse gewidmet und gefordert, „religions- und ethikbezogene Kenntnisse in einem übergreifenden Schulfach zu vermitteln, das neu zu schaffen wäre"[219]. Ein **für alle Schülerinnen und Schüler verbindlicher „Ethik- und Werteunterricht**[ ]"[220] würde, so schreibt er weiter, der „normativen Logik des weltanschaulich neutralen Staates, den Gegebenheiten einer pluralistischen Gesellschaft und dem Verfassungsziel der Toleranz […] sehr viel mehr entsprechen als das Modell des konfessionell-partikularen bekenntnisorientierten Religionsunterrichts"[221]. Denn an manchen Orten stellt in der Tat die sinkende Nachfrage das bestehende Angebot des Religionsunterrichts in Frage. Umgekehrt fehle es an zahlreichen Schulen an Religionslehrkräften, um überhaupt ein Angebot unterbreiten zu können. In beiden Fällen wirft der Religionsunterricht schulorganisatorische Probleme auf, die mitunter schwer zu lösen sind. Dazu kommt eine pädagogische Kritik: In Zeiten von Inklusion und fächerübergreifendem Lernen wirkt es anachronistisch, dass ausgerechnet im Religionsunterricht die Schülerinnen und Schüler in unterschiedliche Lerngruppen getrennt werden. Schließlich stärkt die wachsende Zahl der Konfessionslosen in Gesellschaft und Schule die sog. Ersatzfächer. Die Einführung des islamischen Religionsunterrichts sei problematisch, weil die islamischen Verbände und Organisationen nicht als Religionsgemeinschaften angesehen werden könnten und sie daher als Kooperationspartner ausfielen. Sämtliche Ersatzkonstruktionen führten in eine rechtliche Grauzone. Schließlich sei

„Religion" im strengen Sinne gar nicht lehrbar. Daher sei ein religionsübergreifender, wenn überhaupt religionskundlicher, an den Menschen- und Grundrechten orientierter Ethik-Unterricht für alle Schülerinnen und Schüler zu befürworten.

Diese Forderung hat Kreß in dem im Jahre 2022 publizierten Buch *Religionsunterricht oder Ethikunterricht?* eingehend begründet.[222] Seine im Detail sehr kundige Interpretation der geistes- und religionsgeschichtlichen Voraussetzungen des Religionsunterrichts ist von der Absicht geleitet zu zeigen, dass die Wurzeln des schulischen Religionsunterrichts zwar in der Reformationszeit liegen, dieser aber von vornherein mit großen Problemen behaftet war. Dazu zählen insbesondere die konfessionelle Polemik und Intoleranz, die Unterdrückung der jüdischen Minderheit und die Möglichkeit der christlichen Kirchen, im Verein mit dem Staat ihre gesellschaftliche Macht zu erhalten bzw. zu steigern. Kreß arbeitet die seit der Aufklärungsepoche erkennbaren Bestrebungen, eine der religiösen Toleranz verpflichteten, überkonfessionelle Religionslehre zu etablieren, heraus. Modelle dafür lagen in Gestalt der Aufklärungspädagogik Johann Bernhard Basedows (1724–1790), der jüdischen Reformpädagogik und diverser reformpädagogischer Initiativen des 19. Jahrhunderts konzeptualisiert vor. Sie konnten sich aber, wie Kreß' Detailstudien zu den Preußischen Reformen, zum Berliner Schulstreit in den 1890er Jahren (und nachgelagert in der Weimarer Nationalversammlung) sowie im Parlamentarischen Rat zeigen wollen, nicht durchsetzen, weil sich – so Kreß' Darstellung – in den entscheidenden Momenten die Amtskirchen mit ihren Anliegen der Beharrung politisch durchzusetzen vermochten.[223]

In Kreß' Sicht verdankt sich die gegenwärtige Rechtslage vor allem einer wiederholten Niederlage der besseren vernünftigen Einsicht gegen die machtvolle Verbindung von Staat und Kirche, die nun angesichts der veränderten religionsdemographischen Entwicklung durch substanzielle Reformen aufzulösen ist. Als

7. Gegenkonzepte

Ziel wird daher eine Grundgesetzänderung und die Einführung eines Pflichtfaches Ethik/Religionskunde angestrebt. Unterhalb der politisch großen Lösung einer Verfassungsänderung auf Bundesebene sollten die Bundesländer kurz und mittelfristig in Betracht ziehen, die Einführung des Schulfaches Ethik/Religionskunde dadurch zu ermöglichen, dass man den öffentlichen Schulen den Status der Bekenntnisfreiheit verleiht, wodurch der obligatorische konfessionelle Religionsunterricht entfiele. Dadurch würden die Gebrechen, die dem konfessionellen Religionsunterricht von je her innewohnten, kuriert und der säkularen und religionspluralen Lage der Gegenwart Rechnung getragen.[224] Kreß' zusammenfassendes Argument für die Verfassungsänderung lautet: „Seit vielen Jahren ist die Erteilung des konfessionellen Religionsunterrichts in der Bundesrepublik Deutschland faktisch und rechtlich in eine Grauzone geraten. Die hiermit verbundenen Verwerfungen und Rechtsunsicherheiten tragen zur Erosion der Rechtsordnung im Schulwesen bei. Dies ist rechtsethisch nicht akzeptabel."[225]

Kreß repräsentiert innerhalb der Evangelischen Theologie denjenigen religionspolitischen Standpunkt, der gesamtgesellschaftlich auch von humanistischen und religionskritischen Kräften vertreten wird und der sich in religionspolitischen Absichten auch im parteipolitischen Raum widerspiegelt, die für die Abschaffung des bisherigen konfessionellen Religionsunterricht, nach französischem Vorbild für eine religionsferne Gestaltung von Staat und Schule plädieren und maximal für die Etablierung eines religionskundlich und vor allem ethisch orientierten Faches für alle Schüler eintreten.[226]

Dieser Standpunkt hat jedoch aus unserer Sicht nur sehr begrenzte Evidenz. Zunächst müsste für die dafür erforderliche Änderung des Grundgesetzes, der Verfassungen vieler Bundesländer und ihrer Schulgesetze ein religionspolitischer Wille organisiert werden, der die dafür erforderlichen Mehrheiten in allen Fällen erreicht und zugleich zu einer neuen, die Religionskunde als neues bundesrechtliches Pflichtfach sichernden Rechtslage gelangt. Das ist derzeit sehr schwer vorstellbar. Überdies zeigen sich in Staaten mit strikter Trennung von Staat und Religion letztlich ziemlich deutlich die problematischen Folgen dieses nur auf den ersten Blick konsequent anmutenden Weges. Wenn in der schulischen Bildung die Vermittlung von Wissen über die Religion und die kritische Auseinandersetzung mit ihr ausfallen, dann werden diese Bildungslücken – wenn überhaupt – an anderen Orten geschlossen. Sie äußern sich etwa in der Auswanderung künftiger Eliten in Privatschulen, in denen religiöse Bildung eine große Rolle spielt; randständige Religionen würden unter der deutschen Rechtslage verstärkt in die Gründung von Privatschulen gedrängt – es sei, man wollte diese Gewährleistung des Grundgesetzes (Art. 7 Abs. 4 f.) gleich noch mitabschaffen. Die scheinbar aufgeklärte Distanz zu allen religiösen Überzeugungen verwandelt sich im Bereich der staatlichen Schule leicht in eine religionsignorante, technokratisch orientierte Attitüde, die die kulturproduktive Bedeutung der Religionen übersieht. Das wiederum steigert die Gefahr religiöser Fundamentalismen, die die moderne Gesellschaft und ihre freiheitlichen Errungenschaften, die nicht selten quer zu den Vorgaben der Religionen stehen, ganz in Frage stellen. Eine kooperationsabstinente Trennung von Staat und Religionen würde zwar die schulinternen Spannungen auflösen, die sich als Folge der Kooperation von Staat und Religionsgemeinschaften ergeben. Sie führte aber kurzfristig zu einem Verlust organisierter und d. h. belastbarer Freiheit, der vor allem die religiösen Minderheiten treffen würde. Sie hätten unter der Abschaffung deshalb mehr zu leiden als die christlichen Kirchen, die es auf Grund ihrer Größe und finanziellen Mittel leichter hätten, Ersatzangebote zu präsentieren. Anders gesprochen: Von dem Freiheitsverlust, der mit einer solchen Maßnahme verbunden wäre, wären die kleinen Religionsgemeinschaften sehr stark betroffen. Freilich könnte mit einem übergreifenden Fach „Religionskunde" dem vielfach diagnostizierten, weit verbreiteten Nicht-Wissen in der Gesellschaft über die Inhalte und Bedeutung der Religionen abgeholfen werden. Allerdings würde nun den staatlichen Ebenen ein Definitionsmonopol über den Begriff und den Inhalt von Religion zufallen, was der oben erörterten Entflechtung von Staat und Religion, die Teil der neuzeitlichen Freiheitsgeschichte ist, wiederum entgegensteht. Damit in Verbindung stünde die offene Frage, auf welche Weise die für einen solchen religionskundlichen Unterricht erforderlichen Lehrkräfte gewonnen und ausgebildet werden sollen. Wenn das im herkömmlichen Modell vorausgesetzte existenzielle Motiv für den Religionsunterricht programmatisch fortfällt: Warum sollte man Religionskundelehrkraft werden wollen? Für den Fall, dass diese Frage positiv beantwortet werden kann, wäre als weitere Frage zu klären, ob die akademische Disziplin der Religionswissenschaft auf absehbare Zeit willens und kapazitär in der Lage ist, die akademische Ausbildung künftiger Religionskundelehrkräfte zu übernehmen. Diese Bereitschaft versteht sich nicht von selbst, sondern wäre religions- und wissenschaftspolitisch mitzubedenken und ggf. zu organisieren.

Kreß trifft allerdings mit seinem Insistieren auf den religionspolitischen Gestaltungsbedarf einen wichtigen Punkt. Mit seinem Hinweis auf die Möglichkeit, die öffentlichen Schulen zu bekenntnisfreien Schule zu erklären, verweist er auf eine in der Literatur selten erwähnte, in der Praxis so gut wie gar nicht genutzte Möglichkeit. Das allerdings hat nun auch wieder gute Gründe, die letztlich auf die Gesamtstatik des Religionsverfassungsrechts zielen: Eine bekenntnisfreie Schulorganisationsform würde auch außerhalb des Religionsunterrichts den Freiraum individueller und kollektiver Religion stark beschneiden, weil diese Schule prinzipiell religionsavers wäre – in ihr würden das Kopftuch der Schülerin ebenso wie christlich bestimmte Schulfeiern und Schulgebete verboten werden können. Die bekenntnisfreie Schule würde den Kompromiss zwischen staatlicher

Gestaltung und individueller Freiheit aufkündigen und daher im Ergebnis das deutsche Modell der strengen Schulpflicht gefährden. Laizistische Schulformen, etwa in Frankreich oder den USA, akzeptieren als freiheitliche Verfassungsstaaten selbstverständlich, dass Eltern sich aus religiösen Gründen dieser öffentlichen Schule entziehen und auf Homeschooling ausweichen. Es ist ein sehr deutscher und sehr etatistischer Traum, die Pflichtschule als Rahmen zu behalten und dennoch die Religion aus ihr verdrängen zu können.[227]

Realistischer und praktikabler erscheinen daher die religionspolitischen Gestaltungsoptionen, die sich auf der Basis des bestehenden Religionsrechtes ergeben. Dazu wird auf das vierte Kapitel dieses Buches verwiesen. Zwei wichtige konzeptuelle Voraussetzungen werden dabei gemacht, die von Kreß' Vorgaben ganz bewusst abweichen. Einmal wird hier das Verhältnis der in Deutschland nebeneinander existierenden, teilweise miteinander konkurrierenden religionsunterrichtlichen Modelle und dem Religionsverfassungsrecht nicht als „Grauzone" angesehen. Schon gar nicht wird man diesem Zustand in alarmistischer Zuspitzung ein Potenzial zur Erosion der Rechtsordnung zusprechen wollen. Der Wunsch nach einem eindeutigen, bundeseinheitlich vollzugsfähigen Unterrichtsmodell ist sowohl föderal wie auch schulverfassungsrechtlich verfehlt. Die Verschiedenheit von Ausgestaltungsmöglichkeiten in einem bundesrechtlich vorgeordneten Rahmen ist ein Normalfall, kein Verfall. In rechtsethischer Perspektive zeigt sich hier vielmehr ein Spannungsfeld, das von allen beteiligten Akteuren für eine verfassungskonforme, kontextsensible und sachgerechte, d.h. an der Wahrheit der Religionen orientierte Weiterentwicklung des schulischen Religionsunterrichtes genutzt werden kann und sollte.

Das setzt, zweitens, ein Verständnis von Religionspolitik voraus, dass weder in der historischen Rekonstruktion noch in gegenwartsorientierter Hinsicht im Freund-Feind-Schema denkt.

7. Gegenkonzepte

Kreß übersieht in seiner kritischen Sichtung der religionspolitischen Entscheidungen, dass bei ihnen nicht nur Machtfragen, sondern neben der prozeduralen Vernunft auch die Einsicht in die Gegenstände eine wichtige Rolle gespielt haben, nämlich das Wissen um die existenzielle und gesellschaftliche Bedeutung der gelebten Religion, die als solche zum Bildungsauftrag der Schule gehört. Schon Ernst Troeltsch hatte darauf hingewiesen, dass die produktive Verbindung von Staat und Religion immer den Charakter des Kompromisses hat und dass die zu treffenden politischen Entscheidungen das Ergebnis von Aushandlungsprozessen sind. Dass die erzielten Ergebnisse lange Zeit auf Kosten der Minderheit und mit konfessionellen Verwerfungen verbunden waren, sei unbestritten. Aber seit der Weimarer Zeit gilt dies in verfassungsrechtlicher Hinsicht nicht mehr. Die Minderheitenbeteiligung muss religionspolitisch von allen Beteiligten herbeigeführt werden. Aber gerade das von Kreß favorisierte religionspolitische Modell dürfte dazu führen, dass die Anliegen der religiösen Minderheiten kaum berücksichtigt würden, weil sie gar nicht authentisch repräsentiert wären. Die erforderliche Transformation von Intoleranz in Toleranz kann und muss rechtlich, politisch und theologisch auf allen Entscheidungspfaden sichergestellt werden.

– Eine andere Möglichkeit mit den in diesem Kapitel aufgezeigten Spannungen umzugehen, besteht darin, die plurale Religionskultur nicht wie bei Kreß religionsneutral von außen zu lehren, sondern sie umgekehrt als eine interreligiöse Einheit zu verstehen und sie binnenperspektivisch in den Religionsunterricht zu integrieren, wie es im Konzept der **„Pluralistischen Theologie der Religionen"** geschieht, deren Repräsentanten im Jahr 2020 in einem Diskussionspapier ein eigenes religionspädagogisches Programm vorgelegt haben.[228]

Nach ihrem führenden Vertreter Perry Schmidt-Leukel zeichnen sich die „pluralistischen Ansätze [...] durch die ihnen allen gemeinsame Vision einer legitimen Vielfalt gleichwertiger Wege zu Heil/Befreiung/Rechtem-Leben aus."[229] Diese Vision könnte nun den theologischen Weg zu einem gemeinsamen Religionsunterricht ebnen. In den jüngsten Entwürfen zur Pluralistischen Theologie wird die dafür erforderliche Rückbindung an die einzelnen religiösen Traditionen ausdrücklich festgehalten und es wird verneint, dass man hier eine alle Religionen überschauende Vogelperspektive einnähme. Vielmehr zeichne sich die auf jener pluralistischen Prämisse aufruhende Interreligiöse Theologie durch „Traditionstreue wie Traditionskritik"[230] aus. Das Leittheorem bildet „die fraktale Interpretation der religiösen Vielfalt", durch die es möglich wird, zwischen den Religionen, innerhalb der religiösen Traditionen selbst und sogar in der Psyche von hybridreligiösen Individuen identische Muster aufzuzeigen, in denen Gemeinsamkeiten und Unterschiede in bestimmter Skalierung nachgewiesen werden. „Ein solches Verständnis von religiöser Vielfalt beinhaltet [...], dass jede Religion auch charakteristische Merkmale anderer Religionen enthält. Alle Elemente oder Aspekte der Religionen scheinen sich in irgendeiner Art von fraktaler Konfiguration einzufügen. Religiöse Vielfalt ist ‚skaliert'. Ihr Vorkommen auf der globalen Ebene repliziert sich innerhalb einer jeden großen Religion. Daher sind Religionen einander tatsächlich ähnlich"[231]. Diese Interreligiöse Theologie stellt also auf Gemeinsamkeiten ‚hinter' den oder ‚im Rücken' der Glaubenswahrheiten der religiösen Traditionen und Bekenntnisse ab, die diese wiederum vielgestaltig variieren. Als diejenige Instanz, die diesen Sachverhalt erkennt, will diese Theologie selbst auf die religiöse Wirklichkeit zurückwirken, indem sie durch die Konzeptualisierung jener Fraktale auf ein durch Dialog und Toleranz profiliertes Miteinander der Religionen hinwirkt. Die Analogie zu Hans Küngs „Projekt Weltethos" wird von Schmidt-Leukel selbst hergestellt[232] und er wagt in seinem neuesten Buch *Wahrheit in Vielfalt* die Prognose, „dass Theologie, statt ein ihrem Wesen nach konfessionelles Unterfan-

7. Gegenkonzepte

gen zu sein, zunehmend interreligiös werden wird. Wenn sie auf die zentralen Fragen des menschlichen Lebens reflektiert, dann wird die Theologie in Zukunft hierfür auch auf andere Religionen zurückgreifen."[233] Das sei „the future shape of theology", wie Schmidt-Leukel seine Gifford-Lectures in Glasgow überschrieben hatte. Man sieht daran: Dieses Modell ist insbesondere im internationalen Kontext von einem gewissen Gewicht. In Deutschland nimmt es in der Variante der Komparativen Theologie, die maßgeblich von dem römisch-katholischen Theologen Klaus von Stosch entwickelt wurde, auf die gegenwärtige Religionslehrerinnen- und Religionslehrerausbildung einen gewissen Einfluss.[234]

Dennoch wird man sich zur Begründung einer kooperativen Weiterentwicklung des schulischen Religionsunterrichts schwerlich auf diese Theologie berufen können, weil ihr epistemischer Status unklar ist. Zwar kann man den früher immer wieder erhobenen Vorwurf, hier würde ein religionsverfassungsrechtlich bedenkliches Amalgam unterschiedlicher religiöser Traditionen konstruiert, durch den fraktalen Ansatz der interreligiösen Theorie inzwischen als ausgeräumt betrachten. Vielmehr ist sogar in Rechnung zu stellen, dass in einem hohen Maße Einsichten aus vergleichender religionswissenschaftlicher Forschung und globaler interreligiöser Dialogpraxis in diesen theologischen Entwurf eingeflossen sind. Allerdings wird deutlich, dass der interpretatorische Zugriff auf den Stoff der religiösen Traditionen im globalen Zuschnitt und in der luftigen Höhe religionswissenschaftlicher Abstraktion erfolgt, deren Sicht gerade nicht von den religiösen Akteuren vor Ort oder von der Selbstauskunft der Religionsgemeinschaften gedeckt ist, mit denen und auf die hin man Religionsunterricht zu konstruieren hat. Vielmehr steht sie ihnen tendenziell sogar entgegen. Denn in diesem Konzept wird das Spannungsverhältnis von akademischer und gelebter Religion zu Gunsten der wissenschaftlichen Erschließung von Religion in einer solchen Weise aufgelöst, dass jene mehr und anderes weiß als die religiösen Akteure. Diese werden nicht als Menschen mit unterschiedlichen religiösen Überzeugungen verstanden, sondern als Suchende und Fragende auf eine gemeinsame Ebene gestellt[235] und ausdrücklich gegen die von den Religionsgemeinschaften vermittelten Traditionen in Stellung gebracht.[236] Die Aufgabe des Religionsunterrichts besteht darin, jenseits der Traditionen und Religionsdogmatiken zur dialogischen Bildung einer transreligiösen Authentizität anzuleiten. Im Ergebnis repräsentiert die Pluralistische Theologie der Religionen eine Experten-Religion, deren Sicht gerade weder von der Selbstauskunft der Religionsgemeinschaften noch von der religiösen Überzeugung der Menschen gedeckt ist. Dagegen ist an die mit der Religion verknüpfte Unverfügbarkeit und Freiheit zu erinnern, die besagt, dass zu dieser Freiheit auch gehört, religiöse Überzeugungen auszubilden und zu pflegen, die in Differenz und in Konkurrenz zu anderen religiösen Wahrheiten stehen. Der in diesem Konzept unterbreitete Vorschlag, die Einzelnen dominant als ‚Fragende' und ‚Sinn Suchende' zu verstehen und auf diese Weise eine transreligiöse Identität zuzuschreiben, unterschätzt die religiöse Freiheit, die mit ihr verknüpften Antagonismen und dominiert sie im Namen wissenschaftlicher Erkenntnis. Dagegen wird hier die Freiheit der religiösen Akteure als angemessener Ausgangspunkt für die künftige Gestaltung des schulischen Religionsunterrichts zu Grunde gelegt. Diese Freiheit schließt die Differenz setzende Vielfalt der Religionskultur ein, die daher in der Schule abzubilden ist. Ökumenische und interreligiöse Kooperationen sind dabei nicht ausgeschlossen, können aber nur freiwillig und über religionsgemeinschaftlich legitimierte Akteure in Kooperation mit den staatlichen Ebenen zustande kommen.

8. Ergebnis

Wegen der bestehenden Grundflexibilität, aber vor allem auch angesichts der Freiheitsschwächen der beiden möglichen Alternativmodelle sprechen mehr Gründe dafür als dagegen, den konfessionellen Religionsunterricht nach Art. 7 Abs. 3 GG weiterzuführen und weiterzuentwickeln. Die Spannungseinheiten, die sich auf den unterschiedlichen Begründungslinien zeigten, werden dabei nicht – wie bei den zuletzt diskutierten Modellen – als Argument *gegen* die Weiterführung dieses Modells aufgefasst, sondern als Ressource für seine zeitgemäße Weiterentwicklung. Die Spannungsfelder zeigen nämlich, dass (religiöse) Freiheit nicht einfach als ‚gegeben' vorausgesetzt werden kann, sondern sich nur innerhalb eines komplexen Geflechtes zur Geltung bringen kann. Wesentliche Marker dieses Geflechtes sind einerseits der Staat und die von ihm eingehegte freiheitliche Gesellschaft, in der er zur Vermittlung der Religion einschließenden Bildungsziele die allgemeine Schulpflicht durchsetzt und andererseits die Religionsgemeinschaften, die ihre religiöse Wahrheit überliefern und als solche an die nächsten Generationen weitergeben wollen. Diese Schülerinnen und Schüler begegnen diesem Angebot in der Familie, in den Religionsgemeinschaften und in der Schule und können es – sofern es ihnen einleuchtet – in die Bildung ihrer individuellen Persönlichkeit integrieren. Mit dieser Trias wird der anthropologischen und kulturhistorischen Bedeutung der Religionen Rechnung getragen. Dieses institutionell vermittelte, zugleich authentisch präsentierte Angebot bereichert ihre individuelle Bildung ohne sie zu überwältigen. Denn in der Gestalt der gelehrten Religion wird dieses Angebot auf dem Niveau der schulischen Bildung und im Geflecht mit den anderen Fächern präsentiert, so dass es sich bei der in der Schule ermöglichten Religionsfreiheit um eine informierte Freiheit handelt, auf deren Basis sich Eltern und Schülerinnen und Schüler für oder gegen die Religion entscheiden können.

Religionskritik und Religionsnegation sind konstitutive Bausteine dieses Systems. Die religionspolitische Aufgabe besteht also darin, dieser Freiheit der Religion zusammen mit den sie repräsentierenden Gemeinschaften in Kooperation mit den staatlichen Ebenen eine institutionelle Gestalt in der Schule zu geben, die es erlaubt, der Dringlichkeit des Themas, der neuen religiösen Vielfalt im zunehmend säkularen Kontext und dem schulischen Bildungsauftrag unter der Bedingung der allgemeinen Schulpflicht gerecht zu werden. Welche Möglichkeiten es dafür gibt, soll nun in Teil IV. erörtert werden.

IV. Religionspolitische Perspektiven zur Weiterentwicklung des Religionsunterrichts

1. Religionsunterricht als Gegenstand von Religionspolitik – zu Akteuren und Instrumenten

a) Ein gemeinsamer Ertrag der voranstehenden Analyse in Sachen Religionsunterricht könnte lauten: Wie es war und ist, wird es nicht bleiben. Schon die Bestandsaufnahme der tatsächlichen Verhältnisse hat gezeigt, dass vor allem der Wandel und nicht der scheinbar statische normative Zustand der Normalfall des Religionsunterrichts in Deutschland ist. Die inhaltlichen Begründungslinien bilden keinen Gegensatz zu diesem andauernden Veränderungsprozess: Vielmehr zielen sie mit der Verarbeitung von Tiefenschichten des religionsunterrichtlichen Arguments nicht auf einen historischen status quo, sondern darauf, eine bestimmte materielle Substanz zu erfassen und adäquat fortzuschreiben. Diese Fortschreibungsdynamik bringen wir auf den Begriff „Religionsunterricht 4.0".

Wegen der Vielzahl der Faktoren, die dabei zu berücksichtigen sind, halten wir einen bewussten religionspolitisch-gestaltenden Ansatz für sachangemessen. Denn mit ihm werden die ohnehin laufenden Reflexions- und Veränderungsprozesse aufgenommen und einem geordneten Verfahren ausgesetzt: Der Modus „Religionspolitik" setzt auf den Diskurs der demokratischen Moderne, um die Rechte Einzelner (der Gläubigen, der Nicht-Gläubigen, der religiösen Gemeinschaften) und die Bestimmungsmacht der staatlichen Ordnung in ein geeignetes Verhältnis zu setzen. Dieser Ansatz erscheint umso alternativloser, als es in der Gegenwart keine Identität zwischen religiöser Gemeinschaft und Staatsvolk geben kann.[237]

Eine Debatte über Religionsunterricht 4.0 muss zwei ganz unterschiedliche Fragen beantworten, die allerdings miteinander verschränkt sind: Zum einen geht es um die inhaltliche Ausgestaltung – welche Ziele also verwirklicht werden sollen, und was dabei der Sache nach zu beachten ist. Davon zu trennen und zugleich darauf zu beziehen ist die Entscheidung, welche Instrumente für eine solche Änderung eingesetzt werden sollen.

Wenn Religionspolitik den Religionsunterricht gestalten will, muss sie sich zunächst vergewissern, welchen Ordnungsrahmen sie dafür wählt. Zunächst ist nochmals festzuhalten, dass es stets mehrere Akteure jeder Religionspolitik gibt. Beim Religionsunterricht ist das zunächst durch die duale Aufteilung von „Staat" und „Religionsgemeinschaft" offenkundig, die jeweils ihren Beitrag zur Einrichtung des Schulunterrichts einbringen müssen. Tatsächlich verbirgt sich hinter dieser einfachen Unterteilung eine vielfach aufgefächerte Vielfalt, bei der zwischen Akteuren und Instrumenten unterschieden werden kann.

b) Wenden wir uns zunächst den *Akteuren* zu, die in Sachen Religionsunterricht Teile des religionspolitischen Diskurses sind:

Hier sind zunächst auf der Seite der Gesellschaft die unterschiedlichen *Religionsgemeinschaften* anzusprechen. „Die Kirchen" sind im gesamten verfassungsstaatlichen Zeitalter zunächst einmal die organisatorisch getrennten römisch-katholischen Bistümer und evangelischen Landeskirchen. Selbst auf der allerersten Ordnungsebene sind damit zur Zeit 27 (Erz-)Bistümer und 20 Landeskirchen, die ganz überwiegend als Territorialkirchen organisiert sind und das Gebiet der Bundesrepublik schon einmal „doppelt" abdecken. Hinzu treten seit einiger Zeit die verschiedenen christlichen Orthodoxien, die traditionell nationalstaatlich orientiert sind und auch in Deutschland die Herkunftsnation repräsentieren (z. B. Bulgarien, Griechenland, Rumänien, Russland, Serbien, Ukraine), aber in der Orthodoxen Bischofskonferenz zusammengeschlossen sind.[238] Zu nennen sind überdies einige Kirchen aus dem christlichen Spektrum, die – wie die Mennoniten oder die neuapostolische Kirche – in ihren Hauptgebieten ebenfalls Religionsunterricht für ihre Gläubigen beanspruchen. Von wachsender Relevanz sind die nicht-christlichen Religionsgemeinschaften, angeführt von den Weltreligionen Judentum und Islam bis zu den Bahai sowie etliche kleinere Gruppierungen. Deren Organisation entspricht regelmäßig nicht den gewohnten körperschaftlichen Formen der Amtskirchen, ohne dass diese Abweichung bereits einen Ausschluss vom Religionsunterricht trägt.[239]

Diese erste „horizontale" Unterscheidung von religiösen Akteuren nach Glaubensbekenntnissen und Konfessionen ist dann noch einmal vertikal differenziert. Insbesondere die katholischen Bistümer und die evangelischen Landeskirchen haben zusätzliche Einrichtungen geschaffen, mit denen sie passgenau zur politischen Sphäre sprech- und handlungsfähig sind, von den Zusammenschlüssen in Bundesländern (z. B. die Konföderation evangelischer Kirchen in Niedersachsen) über „evangelische/katholische Büros" an den Sitzen von Landes- und Bundesregierung und Europäischer Union bis hin zu der innerkirchlichen Zentralisierung durch EKD und Deutsche Bischofskonferenz.[240] Für das Judentum und den Islam sprechen auf den verschiedenen Ebenen (konkurrierende) Verbände; oft wird erst hierdurch – und nicht durch die förmliche Gemeindeorganisation auf Ortsebene – eine erkennbare Schlagkraft erreicht. Hinzu treten bei allen Religionen fachorientierte Verbände und Zusammenschlüsse, die dann auch bereits konfessions- und religionsübergreifend organisiert sein können.

Für alle Religionen dürfte im gleichen Moment gelten, dass der theologisch entscheidende Vollzug des Glaubens gegen die verbandliche Bürokratisierung immer wieder neu gesichert werden muss. Aus Sicht des staatlichen Rechts ist hier freilich von einer organisatorischen Selbstbestimmung auszugehen, der sich einzelne Gläubige wie auch Gemeinden notfalls auch entziehen können. Daher gehören die *Eltern* der Schülerinnen und Schüler sowie selbstverständlich die religionsmündigen *Schülerinnen und Schüler* zu den relevanten Akteuren, weil sie es sind, die sich für oder gegen die Teilnahme am Religionsunterricht entscheiden. Anders als die meisten anderen Schulfächer steht der Religionsunterricht ja in einem gewissen Wettbewerb, weil die Eltern bzw. Schülerinnen und Schüler ihn zugunsten des Ersatzfaches abwählen können. Diese Entscheidungsmöglichkeit ist grundrechtlich abgesichert. Inwieweit sie in der Sicht der betroffenen Religionsgemeinschaft akzeptiert wird, ist demgegenüber nachrangig. Aber grundsätzlich ist festzuhalten: Die Zukunft des schulischen Religionsunterrichts hängt maßgeblich an seiner Akzeptanz, die er in der schulischen Wirklichkeit bei Eltern sowie Schülerinnen und Schülern findet.

Deshalb sind auch die *Religionslehrkräfte* in diesem Zusammenhang zu nennen. Sie werden von den Religionsgemeinschaften eigens zur Durchführung des schulischen Religionsunterrichts beauftragt. Diese Beauftragung kann unter bestimmten, von den Religionsgemeinschaften jeweils festgelegten Bedingungen wieder entzogen werden, in der Regel dann, wenn sich eine Lehrkraft gegen deren Grundsätze wendet. Die Kriterien, die dabei veranschlagt werden, liegen nicht fest und werfen nicht selten religionspolitische Fragen auf, wie man gegenwärtig bei der islamischen Idschaza erleben kann.[241] Umgekehrt kann keine Lehrkraft zum Religionsunterricht gezwungen werden. Durch Rückgabe der Beauftragung oder durch Austritt aus der Religionsgemeinschaft kann eine Religionslehrkraft das Fach „Religion" aufgeben, ohne damit ihren beruflichen Status und ihre staatliche Beschäftigung zu gefährden (Art. 7 Abs. 3 S. 3 GG). Das bedeutet, dass die Lehrkräfte bei der Weiterentwicklung des Religionsunterrichts einzubeziehen sind. Dabei ist zu berücksichtigen, dass die Religionslehrerinnen und Religionslehrer schon jetzt einer Vielzahl von Erwartungen (der Religionsgemeinschaften), Anforderungen (der Curricula), Fliehkräften (freigesetzt durch pädagogische und schulorganisatorische Erfordernisse) und zusätzlichen fachspezifischen Aufgaben (z. B. durch Schulseelsorge oder der Organisation religiöser Feiern) ausgesetzt sind.

Auch die *staatliche Seite* ist in Sachen Religionsunterricht keinesfalls monolithisch organisiert. Wir hatten bereits gesehen, dass nach der Kompetenzverteilung des Grundgesetzes die Organisation des Religionsunterrichts Sache der sechzehn Bundesländer ist. In der Tat haben Bundesebene wie auch europäische Ebene (anders als inzwischen in den meisten anderen Politikfeldern) hier keine relevante Rolle. Bei den Bundesländern ist allerdings genauer zu unterscheiden, dass einerseits die Exekutive als konstanter Faktor und andererseits die Legislative als (denkbarer) Gesetzgeber zu unterscheiden sind. Die *Exekutive* wird zunächst durch die Schulministerien sowie in vielen Fällen durch die Staatskanzleien (die sich traditionell den Zugriff auf Religionsthemen vorbehalten) repräsentiert – sie sind die Ansprechpartner für die Religionsgemeinschaften; die Schulministerien organisieren die Frage des Religionsunterrichts als Dauerthema in eigenen Referaten, oft mit Bezug zur Leitungsebene.[242] Zusätzlich sind aber auch die staatlichen Schulämter und auch die Leitungen der staatlichen Schulen anzusprechen, die oftmals vor Ort die Handhabung der allgemeinen Regeln mit durchaus erstaunlich unterschiedlichem Resultat in der Hand haben. Die sog. Schulautonomie, die in einigen Bundesländern in den letzten Jahren eingeführt wurde, hat die Bedeutung der Schulleitungen erheblich gestärkt, was faktisch erhebliche Auswirkungen auf den Religionsunterricht haben kann.

Schließlich sollten auch die *hybriden Akteure* angesprochen werden, die für die konkrete Wirklichkeit des Religionsunterrichts oftmals ganz entscheidend sind. Hier sind zunächst die universitären Bereiche von Theologie, Religionswissenschaft und Religionspädagogik anzusprechen. Zum Teil finden sich bei den Parteien, kirchennahen und politischen Stiftungen Arbeitseinheiten, die das Thema Religionsunterricht dauerhaft bearbeiten. Auch die Kirchen halten z. T. Religionspädagogische Institute o.ä. vor. Hier mischen sich staatliche und gesellschaftliche Perspektiven in einer professionellen Perspektive, oft kommt es zu einer verdichteten und kontinuierlichen Zusammenarbeit zwischen staatlichen und religiösen Stellen. Dabei kann das Schwergewicht auf gegenseitige Information ebenso wie auf konzeptionelle Fortentwicklung gelegt werden. Immer wieder ist zu beobachten, dass der Fortgang der Dinge in Sachen Religionsunterricht in einem Bundesland zum Teil von einzelnen Personen abhängt, die sich der Sache annehmen und in langen Gesprächsverläufen andere zum Mitmachen, zum Experiment, zur Evaluation anregen. Zugleich ist bei diesen Konstellationen immer wieder die Kontrollfrage nach Inklusion und Exklusion zu stellen.[243]

c) Die genannten Akteure können unterschiedliche *Instrumente* einsetzen, um den Fortgang in Sachen Religionsunterricht zu betreiben. Zu unterscheiden sind Praxis, Vertrag, Gesetz und Verfassungsänderung.

Zunächst ist der Normalfall der fortlaufenden Veränderung und Anpassung die *flexible Praxis*. Das gilt zum einen für den Unterricht vor Ort. Klassenlehrerinnen, die ihre gesamte, religiös höchst gemischte Grundschulklasse „konfessionell" unterrichten, je nachdem, ob sie selbst Missio, Vocatio oder Idschaza haben; Gymnasialkurse, die formal einer Religionsgemeinschaft zugeordnet sind, aber ostentativ äußerst weltliche Religionskritik betreiben und kaum vom konkurrierenden Philosophiekurs unterschieden werden können; Berufsschulgruppen, deren Sinn vor allem darin besteht, Voraussetzungen für das bürgerschaftliche Friedensgebot zu schaffen.[244] Nicht viel anders verhält es sich mit den vielfältigen Stillhalte- und Duldungspraxen der kirchlichen und schulaufsichtlichen Dienststellen, die ganz unterschiedliche Verhältnisse hinnehmen, solange sie funktionieren und kein Aufsehen erregen, egal, wieweit sie sich von offiziellen Maximen der konfessionellen Unterweisung entfernt haben. Pointiert könnte man sagen: Der Religionsunterricht nach Art. 7 Abs. 3 GG lebt aus dieser Perspektive in der Gegenwart in einem Modus „brauchbarer Illegalität".[245] Schließlich sind auch die vielfältigen Denkübungen und praktischen Experimente der wissenschaftlichen Beschäftigung mit dem Religionsunterricht zunächst einmal dem Bereich der Praxis zuzuordnen. Hierzu gehören – aktiv gestaltend oder passiv nachvollziehend – auch die untergesetzlichen Änderungen und Abreden zwischen Staat und Religionsgemeinschaften, wie sie zum Beispiel in regelmäßigen Konsultationen (z. B. den sog. Runden Tischen) getroffen werden und die sich u. a. in Dienstvorschriften, Verwaltungsleitlinien, Curricula und Rahmenrichtlinien o. ä. niederschlagen.

Insgesamt ist der Bereich der Praxis also in doppelter Weise anzusetzen: Er nutzt die Freiräume der förmlich-abstrakten Vorgaben, und zugleich ist er immer schon ein Vorstadium möglicher formeller Veränderungen.

Für den Bereich des Religionsunterrichts sind die verbindlichen Abmachungen in *Vertragsform* zwischen staatlichen Stellen und Religionsgemeinschaften besonders ausgeprägt. Historisch lässt sich in diesem Referenzgebiet des „Vertragsstaatskirchenrechts" der Gedanke der (gleichberechtigten) Koordination zwischen Staat und Kirche belegen, der für die Konkordate und Kirchenverträge der Zwischenkriegs- und Nachkriegszeit galt.[246] Demgegenüber nutzt in der Gegenwart gerade die nachholende Gleichbehandlung die Vertragsform, signifikant etwa in Hamburg seit 2010.[247] Dabei wird von staatlicher Seite immer wieder Wert darauf gelegt, dass es keinen Anspruch auf entsprechende Vertragsschlüsse gebe, sondern wertende Faktoren wie Größe, gesellschaftspolitische Relevanz und auch staatliches Interesse an der Einbindung bestimmter Religionen für die Vertragsabschlüsse herangezogen werden können.

Neben den echten Staatsverträgen, die den verfassungsrechtlichen bzw. einfachgesetzlichen Anspruch auf Einrichtung von Religionsunterricht letztlich eher deklaratorisch aufnehmen (so etwa in Hamburg 2007/2010), sind auch die Verträge auf Verwaltungsebene höchst relevant. Ein besonders wichtiges aktuelles Beispiel bildet Nordrhein-Westfalen. Die sonst eher verschlungenen und verborgenen Wege der Kooperation von Staat und Religionsgemeinschaften sind hier transparent offengelegt: Der Staat hat ein Interesse an der Zusammenarbeit, behält sich aber eine Prüfung der Vertragspartner vor; ebenfalls durch staatliche Vorgabe wird der Umfang der Kooperation bestimmt, der jedenfalls die Fragen der Lehrinhalte, die Erteilung der Lehrbefugnis und die Beteiligung bei der Auswahl von Lernmitteln regelt.[248]

Viel seltener ist die Änderung in Sachen Religionsunterricht auf der Ebene des landesrechtlichen *Schulgesetzes*. Man kann leicht feststellen: Von seltenen Ausnahmen abgesehen sind die Religionspolitiker ganz offensichtlich über Jahrzehnte davon ausgegangen, dass die eigentliche Regelung des Religionsunterrichts durch die Bundesverfassung festliegt und das Landesrecht daher nur deklaratorische Wiederholungen und Verstärkungen leisten kann.[249] Nur in seltenen Ausnahmefällen sind Sonderregelungen geschaffen worden: LER als ostdeutsche Variante, die Experimentierklauseln in Bezug auf den islamischen Religionsunterricht. Dadurch ist ein bemerkenswerter Zustand eingetreten: Durchaus weitreichende Veränderungen – wie etwa die Einführung des konfessionell-kooperativen Religionsunterrichts – sind oftmals (zunächst) unterhalb der gesetzlichen Regelung eingeführt worden, mit dem Effekt, dass eine religionspolitische Debatte im eigentlichen Sinn und in den eigentlich dafür vorgesehenen demokratischen Foren nicht oder nur sehr verkürzt stattgefunden hat. Zugespitzt formuliert: Die parlamentarische Religionspolitik hat sich selbst bisher weitgehend aus dem Spiel genommen.

Schließlich ist als Regelungsebene das *Verfassungsrecht* aufzurufen. Wie schon dargelegt ist Art. 7 Abs. 2 f. GG eine in mehrfacher Hinsicht bemerkenswerte Sonderregelung. Eine Revision oder Veränderung dieser Bestimmung ist in den letzten Jahrzehnten nicht ernsthaft verlangt worden. Der Religionspolitik geht es (bisher) um Ergänzungen und Konkretisierungen, nicht aber um den Abschied von dem integrierten Modell des Grundgesetzes – ungeachtet ihrer international fast einzigartigen Besonderheit, und trotz der offenkundigen Schwierigkeiten, die Bestimmung nach dem Abschied von der flächenhomogenen Volkskirche mit Leben zu füllen.

Der mögliche Einsatz der genannten Instrumente lässt sich aus unserer Perspektive nun wie folgt abschichten:

Verfassungsänderung – die große Lösung?

Zunächst ließe sich annehmen, dass eine große Lösung mit einer Änderung des Art. 7 Abs. 3 GG eine wünschenswert weite Gestaltungsfreiheit geben könnte. Dieser Pfad soll, wie gesagt, hier nicht weiterverfolgt werden. Dagegen spricht zum einen schon die politische Lage: Eine qualifizierte (2/3) Mehrheit für eine Änderung der Verfassung in diesem Punkt ist in Bundestag und Bundesrat auf absehbare Zeit nicht erkennbar. Eine solche Änderung müsste u. a. bis auf weiteres gegen das Votum der Kirchen und der weit überwiegenden theologischen Wissenschaften verfolgt werden. Zusätzlich käme hinzu, dass selbst bei einer Änderung des Grundgesetzes die entsprechenden Regelungen im jeweiligen Landes(verfassungs)recht ja weiter bestünden und in den betreffenden Bundesländern ebenfalls die Abschaffung beschlossen werden müsste.

Vor allem stehen aber inhaltliche Gründe gegen die Abschaffung des Art. 7 Abs. 2 f. GG. Der Religionsunterricht ist zweifellos eine anstrengende Institution, weil er sich den üblichen letzten Zuordnungen und Verantwortlichkeiten entzieht. Er setzt von Anfang an auf Prozeduren der Zusammenarbeit, nicht nur als Angebot, sondern als verbindliche Vorgabe für alle Beteiligten. Es sprechen nach wie vor überwiegende positive Gründe dafür, diese Anstrengung zu organisieren – sie sichert der staatlichen Pflichtschule einen Rest gesellschaftlicher Rückkopplung, und das in einem Bereich, der besonders stark auf die unterschiedliche Identität der Bürger ausgelegt ist. Und umgekehrt können die Überlegungen zu einer Substitution des Angebots ohne und außerhalb des Art. 7 GG in der Sache nicht überzeugen: Entweder entfernen sie sich in einem theologisch ambitionierten allreligiösen Modell von den Lebensbezügen, die eben in ihren Verschiedenheiten Teil des Unterrichts sind. Oder sie beschränken den Religionsunterricht auf eine staatlich verantwortete „Kunde" von den Religionen, die dem Wahrheitsanspruch nur noch beobachtend nachgeht – und damit eine (mögliche) Tiefenschicht des Schulunterrichts aufgibt. Letztlich stehen auch integrationspolitische Überlegungen gegen eine Trennung des Religionsunterrichts von den Religionsgemeinschaften: Staatliche Schule ohne Religion stärkt religiöse Bindungen, die an anderen Orten und durch andere Institutionen aufgebaut werden, ohne Rückkopplung an Universitäten und staatlich mitgestaltete Kommunikationsräume. Die gelehrte Religion ist aber, wie gezeigt wurde, ein wichtiger Baustein zur Herstellung bzw. Sicherung einer aufgeklärten Religionskultur. Auch der Blick auf die anderen Grundüberlegungen, die in den meisten anderen Verfassungsstaaten zu einem Trennungsmodell oder zu offen ungleichen Privilegierungen bestimmter Staatsreligionen führen, gibt keinen Anlass, das komplexe deutsche Modell aufzugeben – im Gegenteil.[250]

Daher treten wir dafür ein, sowohl aus praktischen also auch aus grundsätzlichen Gründen daran festzuhalten, dass ein „Religionsunterricht 4.0" keinen veränderten Ordnungsrahmen des Grundgesetzes benötigt oder auch nur anstreben sollte. Zugleich sollte nochmals festgehalten werden, dass der Bereich des Religionsunterrichts durch das (Verfassungs-) Recht nicht statisch geordnet ist und jede Veränderung praktisch illegal wäre. Ganz im Gegenteil ist Veränderung auf der konkreten Gestaltungsebene das notwendige Gegenstück zu der stabilen verfassungsrechtlichen Situation. Die zutreffende Pointe dieser Unterscheidung ist, dass auch diese aufgefächerte Ausführungsebene in verfassungsrechtlicher Hinsicht eben gerade nicht regellos ist. Die verfassungsrechtlichen Ansprüche liegen also nicht etwa so hoch, dass jede beliebige Praxis bequem darunter hindurchlaufen könnte. Vielmehr geht es darum, durch (Staats-)Verträge mit den Religionsgemeinschaften, schulgesetzliche Regelungen und das Instrumentarium des untergesetzlichen Verordnungs- und Richtlinienrechts eine verlässliche Verbindung zwischen dem verfassungsrechtlichen Zielkorridor und der tatsächlichen Handhabung des Problems Religionsunterricht herzustellen.

Mehr Schulgesetz wagen? Und wie umgehen mit Praxis und Kooperation?

Ein relevantes Kriterium für die Organisation des Religionsunterrichts unterhalb des Verfassungsrechts bleibt die Frage der Handlungs- und Entscheidungsebene. Das klassische deutsche Schulmodell geht von einer einfachen Doppelverantwortung aus: Auf der abstrakten Ebene, der Festlegung von Fächern und allgemeinen Inhalten, gilt – erstens – die Festlegung, die durch die Schulverwaltung, letztlich durch das Schulministerium getroffen wird; im Fall des Religionsunterrichts tritt dabei die inhaltliche Bestimmungsmacht der jeweiligen Religionsgesellschaften über die gelehrten Unterrichtsinhalte hinzu. Dabei ist stets eine Rückbindung an fachliche Beratung (durch Pädagoginnen bzw. Pädagogen wie durch Theologinnen und Theologen) gegeben oder doch jedenfalls möglich und sinnvoll. Dieser allgemeinen Festsetzung steht dann – zweitens – die konkrete Handlungsverantwortung der jeweiligen Lehrkräfte gegenüber, die angesichts der jeweiligen Lerngruppe die didaktische und methodische Umsetzung der Lernziele als unvertretbare Aufgabe haben.[251] Alle Zwischenorganisationen wie insbesondere die Entscheidungsgremien von Schulaufsicht oder Festlegungen von Schulkonferenzen sind nicht auf der gleichen Legitimationshöhe wie die allgemeine Festsetzung der Unterrichtsinhalte und ihre notwendige personale Umsetzung.

Vor diesem Hintergrund ist die Frage nach der Organisationsverantwortung für Kooperationen im Religionsunterricht zu stellen. Die Grundform der jeweils gewählten Kooperation gehört danach unzweifelhaft in die Hand des Landesgesetzgebers, der sich für die Einbeziehung von Religionsgemeinschaften auf vertragliche Abmachungen stützen können muss, weil jede Form von Kooperation das Urmuster eines durchlaufenden, vollständig konfessionell geführten und organisierten Religionsunterrichts einschränkt. Das bedeutet im Umkehrschluss zunächst: Ohne Einigung mit Religionsgemeinschaften, die einen eigenen Religionsunterricht zahlenmäßig einfordern können, sind integrierte Kooperationsmodelle nicht möglich. Freilich ist die staatliche Seite insoweit nicht gänzlich gestaltungsfrei: Denn sie kann durch Kooperationsmodelle eben auch dort konfessionellen Religionsunterricht ermöglichen, wo er in selbständiger Weise nicht (mehr) durchgeführt werden könnte. Demgegenüber führt aber eine rein faktische Kooperation ohne landesgesetzliche Abbildung ganz natürlich zu weiteren Exklusionen, weil sie mit unklaren Parametern operiert und die Teilnahme an solchen Modellen von Zufällen abhängig macht. Besser erscheint es, insoweit auf zeitlich (und ggfs. örtlich) begrenzte Experimentierklauseln in Schulgesetzen zu setzen: Trotz aller damit verbundenen Schwierigkeiten verbinden sie den Anspruch mutiger Aufbrüche mit der Rationalität des demokratisch rückgebundenen Verfassungsstaats.[252]

Trotzdem bleibt die Frage nach den Handlungsspielräumen der örtlichen Ebene voll erhalten. Hier ist zu unterscheiden: Eine bestimmte Spannbreite von Handlungsoptionen sollte – zumal in einer Experimentierphase – schon durch eine gesetzliche Regelung ausdrücklich vorgesehen werden. Gerade im Fall des Religionsunterrichts sind die Gegebenheiten regional, von Stadtteil zu Stadtteil und manchmal schon zwischen verschiedenen Klassen extrem unterschiedlich. Allerdings darf dadurch keine dauernde Handlungslast auf die Durchführungsebene verschoben werden: Die Durchführung eines bestimmten Modells von Religionsunterricht sollte nicht unter dem Vorbehalt ständiger Veränderbarkeit stehen, sondern bestimmte Flexibilitäten bereits integrieren. Freilich bleibt die Gretchenfrage bestehen: Soll bei der Organisation von der jeweiligen Schüler-Kohorte ausgegangen werden (was etwa die konkrete Integration verschiedener religiöser Bindungen betrifft), oder legt ein Bundesland generell fest, in welcher Abfolge und mit welchen Anteilen welche Religionsgemeinschaften in einem kooperativen Unterricht vorkommen? Die Lösung dürfte hier in einem allgemeinen Grundmodell mit der Option örtlicher Abweichung liegen, das aber die Handlungs- und Darlegungslast zwischen Regel und Ausnahme beibehält und schulaufsichtlicher Genehmigung unterwirft.

Ein taugliches Regelregime für jeden Schulunterricht kann ohnehin nicht als „Vollzugsordnung" gebaut werden. Pädagogisches Handeln geht ganz prinzipiell von der jeweiligen Handlungssituation aus, von den konkreten Kindern und Jugendlichen und dem personalen Anteil der Lehrkräfte. Äußere Vorgaben einschließlich religiöser Wahrheiten oder religionskundlicher Einsichten geben dafür Orientierungspunkte und Zielvorgaben, können aber nicht unmittelbar handlungsanleitend wirken.

2. Modellierung: Nebeneinander oder Integration

In der Logik der hier vorgetragenen Argumentation verläuft die Weiterentwicklung des schulischen Religionsunterrichtes auf zwei Pfaden, nämlich dem differenzierten Nebeneinander einer Vielfalt ‚konfessioneller' Religionsunterrichte einerseits und der Möglichkeit der kooperativen Integration der Akteure, die sehr unterschiedliche Gestalt annehmen kann.

Absehbar werden eher mehr und kleinere Akteure in die religionsunterrichtliche Kooperation mit den staatlichen Ebenen eintreten wollen, zusätzlich zu den kleiner werdenden Volkskirchen. So wird etwa die duale Unterteilung nach Konfessionen, die für den christlichen Religionsunterricht bisher geradezu konstituierend ist, beim Judentum und beim Islam bisher gerade nicht berücksichtigt.[253] Die Schiiten, deren Differenzbewusstsein zum sunnitischen Mehrheitsislam stark ausgeprägt ist, könnten also eine eigenständige Berücksichtigung beim Religionsunterricht verlangen. Die Aleviten sind bereits etwa in Hamburg vertreten. Auch die Ahmadiyya Muslim Jammat, die in einigen Bundesländern den Status einer Körperschaft des Öffentlichen Rechtes erlangt hat, könnte – jedenfalls in einigen Regionen, in denen diese Religionsgemeinschaft präsent ist – auf einen eigenen Religionsunterricht ausgehen. Innerhalb des Christentums werden durch Migration die orthodoxen Kirchen größer und sichtbarer. In einigen Bundesländern wird daher orthodoxer Religionsunterricht erteilt mit steigender Tendenz. Nicht erst der Krieg zwischen Russland und der Ukraine hat gezeigt, dass eine Kooperation von Christinnen und Christen aus unterschiedlichen orthodoxen Nationalkirchen keineswegs selbstverständlich, sondern eher die Ausnahme ist. Auch die sog. evangelischen Freikirchen könnten sich durch die evangelischen Landeskirchen in Sachen Evangelischer Religionsunterricht nicht mehr repräsentiert fühlen und einen eigenen Religionsunterricht begehren. Allgemeiner gesprochen wird die

2. Modellierung: Nebeneinander oder Integration

Ordnungsaufgabe hier grundständig komplexer, weil sie auf die Ausdifferenzierung des religiösen Feldes reagieren muss: Wo die Gruppen für den Religionsunterricht nach den bisherigen Maßstäben einer grundsätzlichen konfessionellen Homogenität organisiert würden, entstehen zunehmend Insellagen und vor allem Leerstellen. Ein solcher Prozess hat Folgewirkungen: Zum einen können Kipp-Punkte entstehen, bei denen kleine Gruppen durch zusätzliche Abmeldungen (Art. 7 Abs. 2 GG!) sich rasend schnell ganz auflösen; entgegengesetzt können verdichtete Sondergruppen entstehen, die sich gerade in der Abschottung selbst definieren und etwa durch Zuzug verstärkt werden könnten. Für den großen Rest würde sich umso mehr die Frage nach dem staatlichen „Ersatz"-Unterricht als Normalfall stellen.

Auf die zunehmende religiöse Pluralität in der Schule hat die Religionspädagogik schnell und eingehend reagiert. In der reichen religionspädagogischen Fachliteratur der Gegenwart wird mit sehr guten Gründen stark für interreligiöses Lernen als Inhalt und Ziel des Religionsunterrichtes plädiert. Leitend ist die Einsicht, dass gerade der konfessionell gebundene bzw. standpunktbezogenen Religionsunterricht religiöse Vielfalt als produktive Herausforderung und als Bereicherung verstehen und zu kooperativen Formen bis hin zum interreligiösen Lernen anleiten kann.[254] Das Ziel des interreligiösen Lernens bzw. des Erwerbs interreligiöser Kompetenz wird dabei auf der Basis sehr unterschiedlicher organisatorischer Voraussetzungen konzeptualisiert. Es kann entweder ausgehend vom konfessionell ausdifferenzierten Religionsunterricht als sog. Begegnungslernen vorgestellt werden, indem etwa phasenweise in religiös-gemischten Lerngruppen unterrichtet wird.[255] Oder man plädiert für von vornherein integrative Konzepte, in deren Rahmen sowohl die Besinnung auf die eigene religiöse Tradition und in eins damit die Begegnung mit den Anderen eingeübt werden soll.[256] Dieser Befund bedeutet umgekehrt: Aus der äußerst sinnvollen Zielstellung „Interreligiöses Lernen" bzw. „Interreligiöse Kompetenz" können direkt keine Argumente für die Organisation des schulischen Religionsunterrichts abgeleitet werden. Sie können vielmehr auf unterschiedlichen Wegen erreicht werden.

Im Folgenden wollen wir zwei Pfade vorstellen, auf denen der schulische Religionsunterricht weiterentwickelt werden kann und auf denen jeweils in unterschiedlicher Zuspitzung eine Antwort auf die genannten Herausforderungen gefunden werden kann.

a) Pfad 1: Weitere Ausdifferenzierung

Nebeneinander von Religionsunterrichten bei steigender Komplexität

Das Nebeneinander verschiedener Religionsunterrichte ist der klassische Fall des deutschen Religionsverfassungsrechts. Unterhalb der sehr ungenauen Formel von der Parität hat das in der Praxis jedenfalls unter der Geltung des Grundgesetzes nach 1949 schon immer mühsame Differenzierungen erfordert: Fast überall gab und gibt es von vornherein schon in Bezug auf die beiden großen Kirchen vor Ort jeweils konkret Mehrheit und Minderheit, dazu seit vielen Jahrzehnten erhebliche Mengen von Dissentern, die als Nicht- oder Fremdgläubige vom Unterricht befreit oder ausgeschlossen waren. Fast überall werden die entsprechenden Zuordnungs- und Organisationsherausforderungen nicht durch die Trennung von unterschiedlichen Schulen gelöst: Regelschule ist die „nicht bekenntnisfreie" religiöse Gemeinschaftsschule, in der Kinder jeden Glaubens beschult werden. Das bedeutet: Die Frage des Religionsunterrichts stellt sich grundsätzlich vor Ort konkret in jeder Schule anders, und das Religionsrecht wie auch die Angebotskultur der Religionspädagogik muss für ganz unterschiedliche Konstellationen Lösungen schaffen.

Eine Reihe gegenwärtiger Reformmodelle versuchen, diese Ausgangslage des Nebeneinanders fortzuschreiben. Zum einen geht es dabei um die Öffnung des konventionellen Modells für andere Religionsgemeinschaften außerhalb des Christentums. Insbesondere gilt das für den islamischen Religionsunterricht.[257] Zum anderen sind – zunächst begrenzt auf das Christentum – auch Modelle der überkonfessionellen Zusammenschlüsse zu beobachten, erst einmal als konfessionell-kooperativer Religionsunterricht, dann weitergehend als christlicher Religionsunterricht, wie er gegenwärtig in Niedersachsen zur Einführung ansteht. Während im konfessionell-kooperativen Religionsunterricht die prinzipielle Getrenntheit bei praktischer Synthese aufrechterhalten bleibt, geht der christliche Religionsunterricht den weiteren Schritt hin zu einem von vornherein zusammengefassten Unterricht.

Ungeachtet der jeweiligen Fragen im Detail ist für eine Gesamtperspektive folgender Aspekt entscheidend: Die Strategien von Öffnung und Zusammenfassung gehen davon aus, das Nebeneinander mit einem möglichen anderen (Religions-) Unterricht als Grundprinzip aufrechtzuerhalten. Insbesondere beim christlichen Religionsunterricht ist das erkennbare Motiv, zwei sich jeweils verkleinernde Gruppen zusammenzufassen, um so zumindest Zeit zu gewinnen. Damit wird aber letztlich keine prinzipielle neue Qualität gewonnen. Im Gegenteil: Es bleibt bei der Notwendigkeit, jeweils auch für einen anderen Teil der Schülerinnen und Schüler einen anderen Unterricht zu organisieren, die im Islamunterricht oder im kooperativen Unterricht jedenfalls nicht als Gleiche anerkannt und eingeladen sind. Ginge man dieser Logik weiter nach, müssten nicht nur Ressourcen im Bereich der Lehrerkräfte-Ausbildung, in der Lehrplangestaltung und in der Schulorganisation bereitgestellt werden. Auch könnte der schulische Religionsunterricht durch sehr viele und sehr kleine Lerngruppen weiter zerklüftet werden – was schnell auch die Untergrenzen staatlicher Gewährleistung erreicht. Ausdifferenzierung führt also, eindimensional verstanden, schnell dazu, dass der Religionsunterricht im Ergebnis gerade wegfallen könnte bzw. der staatliche „Ersatz"-Unterricht immer selbstverständlicher den eigentlichen Fluchtpunkt bildete. Daher sind aus Sicht der Religionspolitik solche Modelle spannender und zukunftsfester, die auf eine Integration gesamter Lerngruppen setzen.

b) Pfad 2: Organisatorische Integration

Integration (1): Rotation

Teil einer differenzierten Öffnung für neue Akteure werden in jedem Fall Kooperationen sein müssen. Wenn die konkrete Organisation von Kooperationsbeziehungen in den Mittelpunkt der Überlegungen gestellt wird, sind vertikale und horizontale Elemente zu unterscheiden. „Horizontal" steht die inhaltliche Zusammenarbeit verschiedener Religionsgemeinschaften und ggfs. auch die Einbindung staatlich gesetzter Unterrichtsinhalte zur Religionskunde im Mittelpunkt. Solche Formen der Zusammenarbeit können erleichtert werden, wenn sie „vertikal" entflochten werden, also auf der Zeitschiene hintereinander gesetzt sind. Hierzu liegt der Vorschlag vor, in einem Rotationsverfahren auf Phasen eines (konfessionell getrennten) Religionsunterrichts nach Art. 7 Abs. 3 GG Phasen von Religionskunde bzw. Ethik folgen zu lassen.[258]

Ein solches Modell begegnet zunächst auf verfassungsrechtlicher Ebene dann keinen Bedenken, wenn es auf im Einverständnis mit den beteiligten Religionsgemeinschaften organisiert wird. Denn der verfassungsrechtlich garantierte Anspruch, einen konfessionsbezogenen Religionsunterricht einzurichten, ist nicht mit einer Verpflichtung gleichzusetzen, diesen Religionsunterricht ohne Unterbrechung und ohne Verbindung zu anderen Formen religionsbezogenen Unterrichts durchzuführen. Die Idee der Rotation besteht im erkennbaren Wechsel zwischen Religionsunterricht im Sinne des Art. 7 Abs. 3 GG und anders geartetem, allein staatlich verantwortetem religionskundlichem (etc.) Unterricht. Damit verbunden ist dem Grunde nach auch ein jeweiliger Wechsel in der Zusammensetzung von Lerngruppen zwischen Gesamtheit (Klasse) und religiös bestimmten Teilgruppen, die nach religiöser Zuordnung auseinandertreten; es handelt sich dann um ein teil-integriertes Modell.

Solche Rotationsmodelle sind dann in verschiedener Grundanlage und mit verschiedenen Schwerpunkten denkbar: Sie können im Schwerpunkt als konventionelles Modell eines oder mehrerer paralleler konfessioneller Religionsunterrichte organisiert sein, zu denen religionsübergreifende Phasen in staatlicher Letztverantwortung als ergänzendes Bindeglied hinzutreten. Am anderen Ende der Skala kann ein staatlicher Religionskundeunterricht als Grundversorgung verstanden werden, bei dem einzelne Phasen konfessionsbezogener Unterrichtung nach dem Muster von Art. 7 Abs. 3 GG hinzutreten.

Denkbar ist auch eine Variante, in der eine stabile Lerngruppe sowohl dem Religionskundeunterricht wie auch in einer zeitlichen Abfolge unterschiedlichen konfessionellen Religionsunterrichten (dann jeweils im Sinn von Gast und Gastgeber) folgt. Eine solche stabil integrierte Organisation nähert sich der Idee eines „Religionsunterrichts für alle" an, weil hier die Konstanz der Lerngruppe die Primärgröße bildet und die individuelle religiöse Zuordnung in den Hintergrund tritt. Allerdings ist das Modell von der Schwierigkeit entbunden, für den gesamten Unterrichtsgang ein übergreifendes, darin theoretisch und theologisch abgesichertes Modell anbieten zu müssen, wie es beim „RUfa" der Fall ist. Es reicht insoweit aus, dass die einzelnen Religionsgemeinschaften für ihren jeweiligen Teil die Verantwortung übernehmen, ggfs. Gastfreundschaft für andersgläubige Schüler erklären und für die jeweils „fremden" Unterrichtsanteile (der anderen Religionsgemeinschaften wie des staatlichen Religionskundeunterrichts) keine Einwendungen erheben.

Auch dieses Modell muss sich freilich dazu verhalten, wie es mit dem Grundtatbestand der demographisch gegebenen religiösen *Asymmetrie* umgeht: Denn den jeweils „eigenen" Anteil am Unterricht werden nach wie vor nur einige Religionsgemeinschaften erfüllen können. Wenn es etwa bei einem Auseinandertreten der Religionsgemeinschaften in bestimmten Phasen auf die in der Rechtsprechung vorgegebenen Mindestgrößen ankommt, bleibt das Grundproblem der (zu) kleinen Religionsgemeinschaften voll erhalten. Denn nach wie vor sind dann ausreichend „lebensfähige" konfessionelle Lerngruppen erforderlich; der einzige Unterschied zum jetzigen Notstand der Unterrichtsversorgung läge darin, dass die konfessionsbezogenen Lehrerkohorten flexibler, über das Schuljahr verteilt, einsetzbar sind, und daher kleiner werden könnten. Die damit verbundenen zusätzlichen Organisationslasten vor Ort an den Schulen dürfen indes nicht unterschätzt werden, scheinen aber lösbar. Insbesondere müssen aber – wie stets – die religiös nicht gebundenen Schüler besonders bedacht werden: Soll für sie ein durchlaufendes staatlich-religionskundliches Unterrichtsangebot vorgehalten werden, wenn und weil sie in den Phasen des konfessionsgebundenen Unterrichts „heimatlos" wären? Das dürfte dafür sprechen, die jeweiligen Phasen des konfessionellen Religionsunterrichts nicht als Trennung, sondern seriell und also im Sinn der Variante „vollintegriert" zu organisieren. So oder so bleibt – wie in allen Modellen, die mindestens teilweise auf Art. 7 Abs. 3 GG aufbauen – das Problem der Abmeldemöglichkeit erhalten, das freilich für religionsangehörige und religionsfremde Schüler letztlich ja in (fast) gleicher Weise besteht. Auch wenn eine örtliche Praxis solche Abmeldungen begrenzt halten kann, müssen sie im Gesamtsystem hinterlegt sein. Das dürfte heißen: Es ist mit Abmeldungen zu rechnen, sobald es identifizierbare Elemente eines konfessionell gebundenen Religionsunterrichts gibt; und das bedeutet, dass sich die Frage nach einem Auffangunterricht auch bei allen Kooperationsmodellen stellt. Wenn der

Anreiz der Freistunde vermieden werden soll, läuft das – mehr oder weniger offensichtlich – auf folgende Konstruktion hinaus: Es wird ein durchlaufender staatlicher Religionskundeunterricht erteilt; in den mehr oder weniger großen Teilen konfessioneller Unterrichtsteile (ob parallel oder seriell) besteht dieser staatliche Unterricht für die abgemeldeten Schüler fort.

Integration (2): Religionskunde und Religionsunterricht in projektbezogener Integration

Einen etwas anderen Ansatz wählt die Vorstellung einer projektbezogenen *Kooperation der konfessionellen Religionsunterrichte mit einen Ersatzfach*, ggfs. unter Bildung von gemeinsamen Fachgruppen.[259] Hier bleibt die grundsätzliche Trennung von einem oder mehreren konventionellen Religionsunterrichten von einem staatlich geführten Unterricht außerhalb von Art. 7 Abs. 3 GG erhalten. Solche Modelle setzen also zunächst einmal voraus, dass ein oder mehrere Religionsunterrichte dem Grunde nach vollständig vorhanden sind und durchgeführt werden können. Der staatliche Religionskunde- oder Ethik-Unterricht tritt neben diesen Unterricht, ebenfalls grundsätzlich mit vollem Umfang. Von dieser doppelten Grundlage aus sind dann mehr oder weniger umfangreiche, jedenfalls aber immer konkrete Kooperationsprojekte möglich, die die jeweiligen Lerngruppen zusammenführen.

Der Charme dieses Ansatzes besteht darin, dass durch den vollumfänglichen staatlichen Religionskundeunterricht kein „Lückenschluss" erforderlich ist: Diejenigen Schülerinnen und Schüler, die aus unterschiedlichen Gründen nicht am konfessionellen Religionsunterricht teilnehmen, werden trotzdem umfassend durch staatlichen (Pflicht-) Unterricht versorgt. Wenn die Kooperation als Gleichzeitigkeit von Religionskundeunterricht und konfessionell gebundenem Religionsunterricht verstanden wird, würde auch das Problem der Abmeldemöglichkeit entfallen: Alle Schülerinnen und Schüler würden zumindest am staatlichen Religionskundeunterricht teilnehmen, der jeweils immer „auch" stattfindet. Allerdings würden für entsprechende Kooperationsmodelle dann auch äußere Elemente erforderlich sein; insbesondere wäre von einer Doppelung der lehrerbezogenen Verantwortung auszugehen: Sowohl der Religionskundeunterricht wie der Religionsunterricht müssten (gleichzeitig) durch Lehrkräfte repräsentiert werden. Eine alleinige Verantwortung für bestimmte Unterrichtsabschnitte würde den jeweiligen Unterricht entweder zum Religionskundeunterricht oder zum Religionsunterricht machen.

Integration (3): Ein Religionsunterricht für alle –
„integrierte Integration"

Als „integrierte Integration" kann von den bisher genannten Formen der Kooperation unterschieden werden, wenn die inhaltliche Zusammenarbeit zu einem formal gemeinsamen Unterricht führt.

– Das hier bereits näher geschilderte und inzwischen praktisch erprobte Hamburger Modell eines förmlichen „Religionsunterrichts für alle"[260] verzichtet auf ein Nebeneinander oder Nacheinander förmliche getrennter Unterrichte, sondern betreibt die inhaltliche Integration auch organisatorisch integriert. Damit wird die relative Staatsdistanz des Unterrichts auf der ersten Ordnungsebene betont – es handelt sich dem eigenen Anspruch nach durchgehend um Religionsunterricht im Sinn des Art. 7 Abs. 3 GG. Im gleichen Moment ist die tatsächliche Koordinationsnotwendigkeit und damit mittelbar auch der staatliche Zugriff im Zweifelsfall aber höher, weil ein gemeinsames Design für den gesamten Unterricht erforderlich ist.

Noch stärker als bei anderen Integrationsmodellen ist jedenfalls ein vorgelagertes, umfassend gedachtes Konzept erforderlich. Denn die weiter bestehende und nach Art. 7 Abs. 3 GG ja hinsichtlich der materiellen Entscheidungszuständigkeiten auch notwendige inhaltliche Eigenständigkeit der Einzelbereiche setzt erst auf einer konkreten Durchführungsstufe ein, während bei den zuvor geschilderten Kooperations-Modellen die Verbindung der Einzelteile erst in einem nachlaufenden koordinierenden Modus ansteht. Damit bleibt bei „RUfa" die Hürde des Verfassungsrechts am deutlichsten sichtbar: Die Grundanlage des Unterrichts muss bereits bezeugen, dass sie die Gleichzeitigkeit von religiöser Wahrheit im Plural für möglich hält, und dies muss eine theologisch verbürgte Aussage als Grundsatz der Religionsgemeinschaft (und nicht nur eine taktische Bewegung) sein. Auf diese Art könnte allerdings die Gleichzeitigkeit von religiöser Lebenspraxis (in Verschiedenheit) und theologischer Differenzierung konsistent bleiben.

– Noch in der Konzeptionsphase befindet sich dagegen das Modell des christlichen Religionsunterrichts in Niedersachsen. Dafür haben die für die Schule zuständigen Referentinnen der evangelisch-lutherischen Landeskirchen und der katholischen Bistümer ein Positionspapier vorgelegt, in dem die Überwindung des konfessionell-kooperativen Religionsunterrichtes zugunsten eines gemeinsam verantworteten christlichen Religionsunterrichtes angekündigt wird.[261] Insoweit haben sich die römisch-katholischen Diözesen (Hildesheim und Osnabrück) mit der Konföderation evangelischer Kirchen in Niedersachsen grundsätzlich darauf geeinigt, den Religionsunterricht nach Art. 7 Abs. 3 GG künftig gemeinsam zu verantworten. Die Landesregierung steht diesem Plan positiv gegenüber.

Für dieses Vorhaben werden unterschiedliche Begründungen geltend gemacht. Zunächst dürfte es schlicht ein Beitrag dafür sein, dass für die jeweilige konfessionelle Minderheit in den Weiten des zweitgrößten deutschen Bundeslandes der Religionsunterricht nach Art. 7 Abs. 3 GG überhaupt sichergestellt werden kann; die demographische Entwicklung, die sinkende Bindung an die Kirchen und der Mangel an Religionslehrkräften sind hier treibende Faktoren. In theologischer Perspektive kann die Erwartung formuliert werden, dass der ökumenische Konsens, der seit dem Zweiten Vatikanischen Konzil zwischen Vertretern der römisch-katholischen Kirche und den evangelischen Kirchen in Deutschland erzielt wurden, so auch praktische Früchte zeigen. Dies gilt insbesondere für einen Lernort, an dem die Faktoren, die die Konfessionen noch immer trennen, zunächst keine herausragende Rolle spielen, weil und soweit in der religionsdidaktischen Elementarisierung das gemeinsam Christliche im Vordergrund steht.[262] Aber womöglich deshalb haben sich in vielen Bundesländern die konfessionell-kooperativen Modelle bereits bewährt und finden Akzeptanz, wie die Auswertungen zeigen. Auch ist ja zu beachten, dass insoweit eine Gleichbehandlung mit dem jüdischen bzw. islamischen Religionsunterricht entstünde, die ja ebenfalls ohne denominationelle Differenzierung angeboten werden.

Freilich ist diese scheinbar naheliegende nächste Integrationsstufe keineswegs unumstritten. Der konfessionell differenzierte Religionsunterricht entspricht den Erwartungen vieler Beteiligter jedenfalls dort, wo es noch intakte konfessionelle Milieus gibt. Der konfessionell-kooperative Religionsunterricht, den es schon gibt, kann viele Gründe, die nun für den christlichen Religionsunterricht angebracht werden, bereits jetzt praktisch umsetzen und bietet auch eine gute Plattform für das zweifellos angebrachte Ökumenische Lernen[263] – ohne damit die Unterschiede scheinbar quasi unsichtbar zu stellen. Es ist jedenfalls unsicher, ob und inwieweit gerade für konfessionell gebundene Schüler ein staatlicherseits angebotenes Ersatzfach neben dem vollintegrierten christlichen Religionsunterricht dann attraktiver erscheint (und für randständige Kirchenglieder der neue gemeinsame Ernst ebenso abschreckend wirkt). Dazu kommt, dass weder die römisch-katholischen noch die evangelischen

2. Modellierung: Nebeneinander oder Integration

Religionslehrkräfte im Studium für das Projekt eines christlichen Religionsunterrichts vorbereitet sind, so dass sie jedenfalls kaum aus vertieftem Wissen über die dogmatischen und ethischen Spezifika der jeweils anderen Konfession unterrichtlich Auskunft geben können. Die Umsetzung des niedersächsischen Projektes setzt daher erhebliche Anstrengungen bei der Reform der akademischen Lehrkräftebildung voraus. Ein vollständig gemeinsamer Lehrplan müsste im Übrigen auch ausdrücklich mit den zwischen den Konfessionen strittigen Themen umgehen, die ja ganz unmittelbar für den Unterricht der Schule im Ganzen relevant sind: Fragen der geschlechtlichen Orientierung oder der vollgültigen Gleichstellung der Geschlechter betreffen etwa den Kern des jeweiligen Kirchenverständnisses. Das Sakrament des Altars wird für römisch-katholische Schülerinnen und Schüler in der Grundschule thematisiert, für evangelische in ganz anderem Verständnis in der achten Klassenstufe. Wie sollen die konfessionellen Traditionen (Marien- und Heiligenverehrung hier, Luther und die Reformation dort) unterrichtlich behandelt werden? In der Ethik stellt sich die Frage, wie das dogmatisch unterschiedlich bestimmte Verhältnis von Glauben und Werken ökumenisch vermittelt werden kann. Auf die zwischen den konfessionellen Denktradition sehr unterschiedlich akzentuierte Bedeutung des Naturrechts sei verwiesen. Sie schlägt sich in vielen sozialethischen Debatten in einer konfessionell unterschiedlich ausgeprägten ethischen Urteilsbildung nieder, bei denen es zugleich eine lehramtliche Festlegung aus Rom gibt, wie ein Hinweis auf das – für Jugendliche stets bedeutsame – Thema des Schwangerschaftsabbruchs zeigt. Insofern ist das Projekt eines christlichen Religionsunterrichtes nicht einfach eine Fortschreibung des konfessionell-kooperativen Modells, sondern stellt die beteiligten Kirchen und ihre Religionspädagoginnen und Religionspädagogen vor große Herausforderungen. Es ist insoweit in seiner prinzipiellen Herausforderung nicht kleiner als der religionsübergreifende „Religionsunterricht für alle", bedarf anders gewendet auch der gleichen aufwendigen Vorbereitung und Koordination, um der Falle des jedenfalls unzulässigen religionspädagogischen Amalgams zu entgehen.

Vor der langen Tradition des Religionsunterrichts legt sich insgesamt nahe, dass „Aufbrüche in Verantwortung" möglich sind. Dabei können unterschiedliche Bundesländer und unterschiedliche Beteiligte auch zu unterschiedlichen Lösungen kommen. Ihr Bezugsrahmen ist freilich nicht die freigesetzte kirchliche, religionspolitische oder religionspädagogische Lust am Projekt, sondern die Gleichwertigkeit (nicht Gleichartigkeit) der erprobten Lösungen, die je für sich die Frage der besonderen Legitimität des staatsfernen Unterrichts in der Staatsschule beantworten müssen. Man sollte die Möglichkeit nüchtern diskutieren und die Alternativen besonnen abwägen. Dazu kann ein bekanntes Diktum von Hans-Günter Heimbrock beitragen: Die „Bildungsverantwortung der Kirchen reicht jedenfalls erheblich weiter als die Rettung eines konfessionellen RUs"[264].

3. Insbesondere: Vor und neben dem Religionsunterricht – Studium und Fortbildung

Für alle diskutierten Pfade stellt sich als dringlich **die Rückfrage an die akademische Ausbildung und berufliche Fortbildung der Lehrkräfte.** Das gilt insbesondere für die Kooperations- und Integrationsmodelle. Wenn ein gemeinsam verantworteter Religionsunterricht erteilt wird, gerät die konfessionelle Doppelstruktur in den Fakultäten (oder auch auf Seminar- und Institutsebene) unter neuen Rechtfertigungsdruck. Staatlicherseits legt sich nahe, ob und wie auf diesem Weg Ressourcen konzentriert und die oben genannten schulorganisatorischen Probleme gelöst werden könnten. Offen ist allerdings auch insoweit, auf welche Resonanz die Kooperationsmodelle wie RUfa 2.0 oder ein christlicher Religionsunterricht bei den Lehrkräften, aber

3. Insbesondere: Vor und neben dem Religionsunterricht

auch bei den konfessionell geprägten Eltern und Schülern stoßen werden. Jeweils könnte der Effekt eintreten, dass die pädagogisch und kirchen- bzw. staatspolitisch gewünschte Integration gerade bei hochverbundenen religiösen Bindungen auf Ablehnung stößt – was angesichts der Abmelde- bzw. Wahlmöglichkeiten für den Religionsunterricht eben auch keine beliebige oder theoretische Frage ist. In diesem Zusammenhang sollte auf die schon angesprochene Differenz von (religionsgemeinschaftlich) gelebter und (akademisch gefilterter und schulisch gelehrter) Religion eingegangen werden. Die hybride Struktur der schulisch gelehrten Religion ist seit Beginn der Debatten um den schulischen Religionsunterricht ein kritisches Thema. So haben etwa die integrationspolitischen Absichten, die sich mit der Einführung des islamischen Religionsunterrichts in vielen Bundesländern verbinden, bei einigen Muslimen durchaus Reserven gegen dieses Projekt hervorgerufen. Durch förmlich vertiefte Kooperation, die sich in Curricula und Lehrbüchern manifestiert, könnte jener Hiat zwischen gelehrter und gelebter Religion noch einmal befördert werden.

Die komplexe Beziehung zwischen Theologie, „amtlicher" Religion und Lebenspraxis muss daher in religionsdogmatischer, -pädagogischer und -fachdidaktischer Hinsicht bewahrt bzw. ausgebaut werden. Hierfür sind ggf. auch institutionelle Vorkehrungen zu treffen, die die Ausbildung, Etablierung und Finanzierung der dafür erforderlichen Religionsgelehrsamkeit betreffen. Die jüngst etablierten akademischen Einrichtungen etwa für Islamische Theologie, Jüdische Theologie und Alevitische Theologie (in Hamburg) sind dafür Beispiele. Das Spannungsverhältnis von Theologie und gelebter Religion wird durch solche Einrichtungen zwar nicht aufgelöst, aber einerseits reflektiert, andererseits durch den wissenschaftlichen Diskurs dynamisiert. Zu Letzterem gehört vor allem, dass die historischen, kulturellen und sozialen Kontexte der religiösen Praxis aufgegriffen und als ihr Teil erkannt und anerkannt werden. Dadurch werden Anreicherungsprozesse angestoßen, die sich auch in der religiösen Praxis auswirken. Insofern liegt der produktive Sinn jener Spannung von gelebter und gelehrter Religion darin, dass sie Quelle zur selbstbestimmten Weiterentwicklung der Religion werden kann, zu der unter bestimmten Umständen auch gehören kann, in den Dialog mit anderen Religionsgemeinschaften und Akteuren einzutreten, mit Blick auf einzelne Projekte – wie es der Religionsunterricht sein kann – in Kooperationsbeziehungen mit dem Staat oder mit anderen religionsgemeinschaftlichen Akteuren. Akademische Theologie bzw. Religionsgelehrsamkeit bilden den Ort, an dem die Freiheit der Religion – auch im Sinne ihrer dynamischen Fortentwicklung – zu sich selbst kommt, indem hier eine kontextsensible und gedanklich verantwortete religiöse Selbstbestimmung angebahnt wird, die sich über die Ausbildungsfunktion auch den Religionsgemeinschaften, ihren Mitgliedern, aber auch der Gesamtgesellschaft mitteilt.

Entsprechend hat auch das Eintreten neuer religionsgemeinschaftlicher Akteure in den schulischen Religionsunterricht die Etablierung entsprechender akademischer Studiengänge und respektiver Institutionen für die berufliche Fort- und Weiterbildung der Religionslehrkräfte zur Folge. Konkret wären an den Universitäten akademische Einrichtungen, meist Professuren, zu etablieren, die die Theologie bzw. Religionsgelehrsamkeit derjenigen Religionsgemeinschaft in wissenschaftlicher Forschung und akademischer Lehre vertritt. Wie gesagt, der Aufwuchs der Institute und Zentren für Islamische Theologie seit 2010 bildet dafür das religionspolitische Paradigma der Gegenwart. Die Pluralisierung des Religionsunterrichtes muss wegen der mit Art. 7 Abs. 3 GG verbundenen notwendigen Mitwirkung der Religionsgemeinschaften bei der Durchführung des Religionsunterrichts in der akademischen Lehrerbildung abgebildet werden. Das kann durch eigene akademische Einrichtungen für jede Religionsgemeinschaft geschehen, muss aber nicht zwingend so sein. Denkbar wären gemeinsame akademische

Einrichtungen für verschieden ausgerichtete theologisch bzw. religionsgemeinschaftliche Lehrstühle unter einem gemeinsamen institutionellen Dach oder die Beheimatung von für kleine Religionsgemeinschaften zuständige Professuren innerhalb einer größeren theologischen Einrichtung. Dies ist schon gelegentlich der Fall (wie etwa in Basel/CH, wo an der Theologischen Fakultät eine Professur für Jüdische Studien angesiedelt ist oder in Münster, wo es an der Evangelisch-Theologischen Fakultät eine Professur für Reformierte Theologie und am Centrum für religionsbezogene Studien (CRS) eine Professur für Orthodoxe Theologie gibt). Deutlich ist aber in jedem Fall: Die wachsende Pluralität im Bereich des schulischen Religionsunterrichts erfordert ihre Abbildung bei den religionsgelehrten Einrichtungen an den Universitäten.

Hinzu kommt als weiteres Element notwendiger Ausdifferenzierung, dass auch das Verhältnis zu den anderen Akteuren, insbesondere im Verhältnis zum Bildungsauftrag der ganzen Schule, unter dem Vorzeichen der Kooperation zu gestalten ist. Das heißt, dass neben der Berücksichtigung von dogmatischer Eigensteuerung und Identifizierbarkeit der eigenen religiösen Wahrheit im schulischen Religionsunterricht zugleich eine Haltung des Respekts, der Toleranz und der Kooperativität bei der Gestaltung des Schullebens erforderlich ist.

Dort aber, wo der schulische Religionsunterricht kooperativ bzw. in gemeinsamer Verantwortung erteilt werden soll, ist mit Blick auf die akademische Ausbildung auf die Verankerung dialogischer und kooperativer Lehrveranstaltungen das naheliegende Grundformat, damit die künftigen Lehrkräfte inhaltlich auf diese Kooperationen und Dialogorientierung hin orientiert werden. Gerade wenn, wie hier vorgeschlagen, der Religionsunterricht auf dem Pfad von Art. 7 Abs. 3 GG in Richtung innerer und äußerer Differenzierung und Integration weiterentwickelt werden soll, können die dafür erforderlichen Kompetenzen in Sachen Kooperation und Dialogorientierung bei den Lehrkräften nicht einfach vorausgesetzt werden. Diese theologisch, religionspädagogisch und didaktisch sehr anspruchsvollen Aufgaben müssen daher im akademischen Studium angeeignet werden, so dass neben dem Studium der eigenen Religion nicht nur vertiefte Kenntnisse anderer Konfessionen und Religionen zu erwerben, sondern auch religionshermeneutische und religionsdialogische Kompetenzen als Teil des Studiums anzueignen und einzuüben sind. Dies kann selbstverständlich – wie bei allen Methoden und Gegenständen eines Faches – nur in exemplarischer Auswahl geschehen. Aber grundsätzlich wären entsprechende Pflichtmodule in allen theologischen bzw. religionsgelehrten Studiengängen zu verankern. Konkret wären also gemeinsam verantwortete, auf Kenntniserwerb und fachlichen Dialog ausgerichtete interkonfessionelle bzw. interreligiöse Lehrveranstaltungen standardmäßig vorzusehen, in denen in der Perspektive der je eigenen Religion bzw. Konfession kooperativ gelehrt und gelernt wird. Zuständig dafür sind nicht allein die Religionspädagogik und -didaktik, sondern alle Teilgebiete der jeweiligen Theologie oder Religionsgelehrsamkeit. Die Implementierung der genannten Module in die bestehenden Bachelor- und Masterstudiengänge geht einerseits auf Kosten anderen Stoffs, der zugunsten der Kooperationsmodule gestrichen oder doch um den Erwerb der hier beschriebenen Kompetenzen ergänzt werden müsste. An diesem Punkt sind einerseits Widerstände und Schwierigkeiten zu erwarten. Andererseits liegt darin die Chance der Theologien und religionsgelehrten Wissenschaften, sich in Forschung und Lehre in ihren Fächern die stets vorausgesetzte eigene Perspektive in ein dialogisches Verhältnis zu den anderen Konfessionen und Religionen zu setzen. Auf diese Weise würde die Religionsgelehrsamkeit die Pluralisierung der Religionskultur auch inhaltlich noch einmal abbilden. So entstünde ein wichtiger Mehrwert dieser wissenschaftlichen Fächer im Verhältnis zu der ‚neutralen' Religionswissenschaft. Darüber hinaus dürfte die große Chance, die in kooperativen (und nicht: vereinheitlichenden) Modellen von Religionsunterricht und religionsbezogener Lehre und Forschung liegt, in der Einübung in den verantwortlichen Umgang mit der eigenen (Religions-)Freiheit bestehen, die den religiös anders orientierten Menschen in einer aufgeklärten Weise, nämlich mit kritischem Wissen, Respekt, Toleranz und kommunikativer Neugier begegnet. Dadurch würde der Religionsunterricht, abgestützt durch eine entsprechende Wissenschaftskultur, einen Beitrag zum Aufbau und zur Erhaltung der friedlichen, weil kooperativen Religionskultur leisten können, von der das Gemeinwesen insgesamt profitiert. Die ohnehin unauflösliche Spannung zwischen gelehrter und gelebter Religion bekommt dadurch eine neue Dynamik, weil neben der theologischen Integration von Innen- und Außenperspektive die Kooperation und der Dialog zwischen den theologischen Vertretern der Religionen hinzutritt und sowohl wissenschaftstheoretisch als auch theologisch reflektiert wird. Kooperation und Dialog gibt es freilich schon lange zwischen den Religionsgemeinschaften und den Gemeinden vor Ort. Der christlich-jüdische und der christlich-islamische Dialog kann in Deutschland auf eine langjährige und bewährte Tradition zurückschauen. Klar ist aber auch: Allerdings können die Theologien aus Gründen der Religions- und Wissenschaftsfreiheit nicht ausschließlich auf dieses Thema ausgerichtet werden. Sie bleiben in erster Linie auf diejenige Religionsgemeinschaft bezogen, für die sie zuständig sind. Hier stellen sich jeweils genuine Aufgaben, die sich so und nur so in einer religiösen Tradition stellen und theologisch bearbeitet werden müssen. Aber zu den Kontexten dieser Aufgabe gehört gegenwärtig und zukünftig die Nachbarschaft zu den anderen Konfessionen und Religionen, deren Pflege im schulischen Religionsunterricht einzuüben und auf die konsequenterweise im akademischen Studium vorzubereiten wäre.

Die Einführung religionskundlicher Sequenzen in den hier vorgestellten Integrationsmodellen bzw. die aus religionstheoretischen und -politischen Gründen abzuleitende Forderung nach der Stärkung religionsinformierender Anteile in den sog. Ersatzfächern setzt die Frage nach der akademischen Ausbildung der dafür zuständigen Lehrkräfte frei. Diese Aufgabe kann nicht handstreichartig der etablierten Religionswissenschaft zugewiesen werden, die bisher in der Regel nicht an der akademischen Lehrerinnen- und Lehrerbildung beteiligt war und dies schon aus kapazitären Gründen nicht einfach übernehmen kann. Daher sind an dieser Stelle ganz grundlegende religions- und wissenschaftspolitische Überlegungen und Anstrengungen erforderlich, um diesen Anforderungen gerecht zu werden. Die auch aus anderen Gründen wünschenswerte Stärkung und Verselbständigung der Religionswissenschaft[265] wäre ein sinnvolles Ziel, das freilich nur mittel- bis langfristig erreicht werden kann. Damit dürfte dann auch eine stärkere Verpflichtung dieses Fachs auf die grundständige, berufsbezogene Ausbildung verbunden sein und eine neu begründete Bereitschaft zur umfassenden Kooperation mit den etablierten religionsbezogenen Einrichtungen an den Universitäten – vom Beobachter zum Gestalter.

4. Schlussüberlegung: Die religionspolitische Weiterentwicklung des Religionsunterrichts als Vorgabe und Aufgabe

Die künftige Gestaltung des Religionsunterrichts ist eine religionspolitische Aufgabe ersten Ranges. An ihr wirken in der prozeduralen Tradition der deutschen Politik die Religionsgemeinschaften, die staatlichen Ebenen, die Eltern, Schülerinnen und Schüler und die Lehrkräfte mit. Auf der Basis der geltenden Verfassungsbestimmungen und der Möglichkeit ihrer kontextbezogenen Weiterentwicklung als Vorgabe ergibt sich bei der Bewältigung der religionspolitischen Aufgabe ein breites Spektrum an Möglichkeiten, den schulischen Religionsunterricht zukunftsfest zu gestalten. Zu den Ausgangsbedingungen

4. Schlussüberlegung

gehört nicht nur die Pluralisierung der deutschen Religionskultur, sondern auch die wachsende Zahl religionsindifferenter und dezidiert religionsferner und -kritischer Menschen. Zu den Ausgangsbedingungen gehört aber auch die Erfahrung, dass sich die Sache Religion nicht auflöst, sondern in immer neuer Gestalt die Menschen begleitet – und also ein Thema für eine verantwortungsvolle Menschenbildung bleibt.

Wir möchten resümieren: Der religionsrechtliche Rahmen von Art. 7 Abs. 3 GG hat sich bewährt und bis dato hinreichend offen gezeigt, hat sowohl für eine zeitgemäße Weiterentwicklung des schulischen Religionsunterrichts als auch für die Aufnahme neuer Akteure gesorgt. Das wiederum hat seinen Grund darin, dass es überzeugende staatsethische, religions- und bildungstheoretische Argumente gibt, den Religionsunterricht als ordentliches Lehrfach zu begründen und durchzuführen. Nicht zuletzt deshalb sind es gegenwärtig gerade die religiösen Minderheiten aus dem Islam, dem Judentum und dem Christentum, die in den Rahmen von Art. 7 Abs. 3 GG eintreten (wollen), weil dadurch die von ihnen gepflegten religiösen Traditionen nicht nur von Seiten der Mehrheitsgesellschaft als anerkannt gelten können, sondern – und das ist letztlich entscheidend – auch als Teil des vom Staat getragenen Bildungssektors mit Anspruch aktuelle Bedeutung zur Geltung kommen. Diese Repräsentanz gilt nicht nur mit Blick auf die historische Bedeutung der Prägekraft der Religionen, sondern auch in normativer Hinsicht: Das Bildungssystem profitiert durch die Präsenz der sehr unterschiedlichen religiösen Antworten auf die Grundfragen des Lebens, die im schulischen Religionsunterricht aufgeworfen und mit Blick auf die werdende Identität der Schülerinnen und Schüler altersgerecht und behutsam beantwortet werden.

Daher können nach unserer Auffassung aus der religionskulturellen Pluralisierung und der religionsdemographischen Schwächung der christlichen Kirchen allein keine Veränderungen des Zuschnitts des schulischen Religionsunterrichtes abgeleitet werden. Eine solche Lösung ‚mit der Brechstange', d. h. als ersatzlose Abschaffung des schulischen Religionsunterrichtes nach Art. 7 Abs 3 GG und/oder dessen Ersetzung durch eine neutrale „Religionskunde", hätte nur vordergründige Vorteile, die insbesondere von jenen politischen Kräften befürwortet werden, deren vorrangiges Ziel im Abbau der sog. Privilegien der großen Kirchen besteht. Man kann das sicherlich politisch wollen. Faktisch aber würde die Abschaffung des schulischen Religionsunterrichts nach Art. 7 Abs. 3 GG vor allem die religiösen Minderheiten beeinträchtigen und schwächen, denen eine wichtige institutionelle Stütze zur religiösen Bildung der nachwachsenden Generationen weggeschlagen würde.

Viel naheliegender ist daher die Weiterentwicklung des bisherigen Paradigmas. Dafür sind die Voraussetzungen insofern günstig, weil der bestehende religionsrechtliche Rahmen es erlaubt, differenzierte Modelle zu entwickeln, die den religionsgeschichtlichen und -demographischen Bedingungen in den Regionen Rechnung tragen. Denn: Der Kulturhoheit der Länder entspricht in der Regel die dezentrale Selbstorganisation der Religionsgemeinschaften, so dass solche passgenauen Modelle auf dem Wege der religionspolitischen Aushandlung zwischen den Akteuren entwickelt werden. Insbesondere ‚neue' Akteure, die sich regional schneller und sichtbarer formieren, können auf diese Weise schnell und künftig stärker in die Prozeduren der religionspolitischen Zusammenarbeit einbezogen werden.

Eine solche Religionspolitik kann auf die Vielzahl der Modelle, die es jetzt schon gibt und die Instrumente, die jetzt schon eingesetzt werden, zurückgreifen. Mit anderen Worten: Die vielfach und langjährig bewährte Praxis des Religionsunterrichts vor Ort wird man nicht ohne sorgfältige Prüfung beenden oder auch nur ändern, vielmehr wird man an ihr anknüpfen wollen. Reformbedarf ist vor allem dort gefragt, wo es eine funktionierende Praxis nicht (mehr) gibt bzw. dort, wo sich abzeichnet, dass die bisherige Praxis nicht mehr funktionieren wird.

4. Schlussüberlegung

Vor diesem Hintergrund haben wir zwei Pfade vorgestellt und diskutiert. Der auf den ersten Blick religionspolitisch einleuchtende Pfad „Ausdifferenzierung" betont den Ausgangspunkt des konfessionellen Nebeneinanders und entwickelt ihn durch Aufnahme weiterer Akteure konsequent weiter. Das ist ein folgerichtiger Weg, wirft aber Fragen bei seiner Umsetzung auf. Denn bei schwindender religiöser Bindung der Bevölkerung und nicht (mehr) hinreichender Akzeptanz bei Eltern, Schülerinnen und Schülern sowie (werdenden) Lehrkräften kann der auf dieser Basis durchgeführte schulische Religionsunterricht erst für wenige, später womöglich für alle Konfessionen und Religionen faktisch zu seiner Abschaffung führen. Insofern ist diesem Modell seine Selbstaufhebung inhärent. Eine solche Entwicklung hätte den Preis, dass authentische Religionsvermittlung aus den Schulen in Deutschland sukzessive verschwände. Damit hätte man das Gegenteil von dem erreicht, was die guten Begründungen fordern. Erste Leittragende wären auch hier wieder die kleinen Religionsgemeinschaften.

Daher erscheint uns der Pfad „Organisatorische Integration" zukunftsfester zu sein. Er ist mit Blick auf die religionspädagogische Konstellation anspruchsvoller und komplexer, aber durch das Mitwirken mehrerer Akteure auch stabiler und – wenn man ihn kontextsensibel entwickelt – auch flexibler. Welcher der auf diesem Pfad möglichen Seitenwege eingeschlagen werden kann und soll, wird vor allem von den regionalen religionsdemographischen Gegebenheiten, dem politischen Wollen der Akteure und nicht zuletzt der Selbstbestimmung der betreffenden Religionsgemeinschaften abhängen. Auf letzterem liegt der religionsrechtliche Akzent, und auch hier wird man insbesondere den Stimmen der Minderheiten Gehör geben müssen. Während es den großen christlichen Kirchen inzwischen relativ leichtfällt, sich auf kooperierende religionsunterrichtliche Modelle unterschiedlichen Zuschnitts einzulassen, ist auf Seiten des Islams die Konstruktion eines islamischen Religionsunterrichts, der Sunniten und Schiiten umfasst, nicht unproblematisch. Es sind aber vor allem die Vertreterinnen und Vertreter des Judentums in Deutschland, die immer wieder darauf hinweisen, dass für das Judentum neben den von ihnen begrüßten integrativen Elementen ein eigener jüdischer Religionsunterricht unverzichtbar ist.[266] Das Hamburger Modell zeigt aber zumindest, dass die Bereitschaft zur religionsgemeinschaftlichen Kooperation religionspolitisch organisiert werden kann. Ein Weg, vor Ort passende Modelle zu entwickeln, kann neben der Variation bereits entwickelter Formen auch das Experiment sein. Der religionsrechtliche Rahmen ermöglicht – das sei noch einmal betont – eine Fülle von intelligenten Lösungen, sofern diese von den Religionsgemeinschaften gewollt und von deren Glaubensgrundsätzen gedeckt sind. Die religionspolitische Anbahnung und Umsetzung von Integrationsmodellen ist religionsrechtlich möglich, theologisch aber deshalb anspruchsvoll, weil die Mitwirkung religionsrechtlich und politisch nicht erzwungen werden, sondern nur auf freiwilliger Basis erfolgen kann. Eine solche Kooperationsbereitschaft und ihr Maß kann und muss von jeder Religionsgemeinschaft selbst theologisch begründet und verantwortet werden. Der staatliche Verzicht auf Wahrheit impliziert religionspolitisch, dass hier der theologischen Selbstbestimmung und religionspolitischen Eigensteuerung der Religionsgemeinschaften vollständig Rechnung getragen werden muss. Die diesbezügliche Freiheit der Religionsgemeinschaften findet freilich faktisch ihre Grenzen an der Akzeptanz ihrer Entscheidungen bezüglich des Religionsunterrichtes bei den Eltern, Schülerinnen und Schülern sowie den Lehrkräften.[267]

Bei der gleichzeitig zu erwartendenen Vergrößerung der Gruppe der ‚konfessions- oder religionslosen' Schülerinnen und Schülern liegt in der Logik der in diesem Buch vertretenen Position, die die gelebte und gelehrte Religion als Teil der schulischen Bildung versteht, dass – wie etwa in Berlin – die verbandlich organisierten Religionslosen mit einem eigenen Angebot in dieses

System eintreten und/oder, dass das sog. Ersatzfach gestärkt wird, in dem dann wiederum zumindest religionskundliches Wissen zu vermitteln ist. Auf dem Pfad „Organisatorische Integration" besteht die Möglichkeit, die Vermittlung des gesamtgesellschaftlich sinkenden Wissens über die Religion(en) einzubeziehen und damit die authentische Religionsvermittlung vor ihrer Versachkundlichung zu schützen, die bereits jetzt hochanteilig den konfessionellen Religionsunterricht mitbestimmt. Insofern könnten zur organisatorischen Kooperation des schulischen Religionsunterrichts auch die evtl. sequentielle Zusammenarbeit mit dem „Ersatzfach" oder allgemein religionskundlichen Einheiten stehen, in denen alle Schülerinnen und Schüler gemeinsam unterrichtet werden.

Die religionsrechtlichen Vorgaben stellen der religionspolitischen Aufgabe einen ausreichend großen Spielraum für einen reichen Religionsunterricht der Zukunft zur Verfügung.

Endnoten

1 Dazu *Huber*, Deutsche Verfassungsgeschichte seit 1789, Bd. VI, 1981, S. 939 ff.; vgl. auch *Ogorek*, Religionsunterricht, in: Pirson / Rüfner / Germann / Muckel (Hrsg.), HStKR, Bd. 2, 3. Aufl. 2020, S. 1803 f.

2 Zur Frage der Religion und insbesondere des Religionsunterrichts in den Beratungen des Parlamentarischen Rates vgl. *Unruh*, Religionsverfassungsrecht, 4. Aufl. 2018, S. 41 f.; vgl. *Kreß*, Religionsunterricht oder Ethikunterricht? 2022, S. 94–108; vgl. *Ogorek*, Religionsunterricht, in: Pirson / Rüfner / Germann / Muckel (Hrsg.), HStKR, Bd. 2, 3. Aufl. 2020, S. 1804 f.

3 Aus der damaligen Perspektive *Landé*, Die staatsrechtlichen Grundlagen des deutschen Unterrichtswesens, in: Anschütz / Thoma (Hrsg.), Handbuch des Deutschen Staatsrechts, Bd. II, 1932, S. 690–724, insbes. S. 717 ff.

4 Vgl. etwa ganz klassisch *Link*, Religionsunterricht, Handbuch des Staatskirchenrechts II, 2. Aufl. 1995, § 54, S. 439 (mit knappen Bemerkungen zum islamischen Unterricht als Herausforderung S. 500–502).

5 Vgl. dazu *Günzel*, Art. 149 WRV und Art. 7 Abs. 3 GG: Alles beim Alten aus jüdischer Sicht? in: Kubik / Klinger / Saglam (Hrsg.), Neuvermessung des Religionsunterrichts nach Art. 7 Abs. 3 GG, 2022, S. 47–68.

6 Dazu im Überblick zu Beginn der Debatte *Oebbecke*, Reichweite und Voraussetzungen der grundgesetzlichen Garantie des Religionsunterrichts, in: DVBl. 1996, S. 336–344, insbes. S. 342 ff. Sowohl der Gesetzgeber auf Landesebene wie z. T. auch die obergerichtliche Rechtsprechung maßen (und messen z. T. heute noch) die muslimischen Beteiligten am Organisationsgrad der (katholischen) Kirche, so dass dann das Fehlen eines hierarchisch geordneten Ansprechpartners zum Argument wird, einen islamischen Unterricht nicht anbieten zu können. Vgl. zur zutreffenden religionsverfassungsrechtlichen

Endnoten

Grundorientierung BVerwG, Urt. v. 23.02.2005, 6 C 2.04 (BVerwGE 123, 49) sowie BVerwG, Beschl. v. 20.12.2018, 6 B 94.18 unter Aufhebung der entgegenstehenden Rechtsprechung des OVG Münster, Urt. v. 9.11.2017, u. a. 19 A 997/02.

7 Zur jeweiligen aktuellen Rechtslage siehe S. 15 ff.
8 Vgl. *Pemsel-Maier*, Konfessionell-kooperativer Unterricht. Einblicke in die Situation in Niedersachsen und Baden-Württemberg, in: Link-Wieczorek / Richebächer / Waßmuth (Hrsg.), Die Zukunft der theologischen Ausbildung ist ökumenisch, 2022, S. 200–209.
9 Vgl. https://www.religionsunterricht-in-niedersachsen.de – Zur Einführung des christlichen Religionsunterrichts – aktueller Stand (zuletzt abgerufen am 27.02.2024).
10 Dagegen blieb der Versuch der von SPD, Bündnis 90/Die Grünen und dem SSW getragenen Landesregierung im benachbarten Schleswig-Holstein aus dem Jahre 2012, den konfessionsgebundenen Religionsunterricht in Kooperation mit den Religionsgemeinschaften zu einem konfessionsübergreifenden Religionsunterricht umzuwandeln, eine kurze Episode. Die nachfolgenden Landesregierungen (ab 2017 getragen von CDU, Bündnis 90/Die Grünen und FDP, seit 2022 aus CDU und Bündnis 90/Die Grünen) setzen derzeit wieder auf den Erhalt des konfessionsgebundenen Religionsunterrichts an den Schulen, der situationsgerecht weiterentwickelt werden soll.
11 Vgl. *Khalfaoui / Ehret* (Hrsg.), Islamische Theologie in Deutschland. Ein Modell für Europa und die Welt, 2021 sowie *Aysel*, Islamischer Religionsunterricht und islamische Theologie als Integrationsmedien in einer pluralen Gesellschaft. Ergebnisse aus zwei empirischen Studien, in: Körs (Hrsg.), Islamischer Religionsunterricht in Deutschland. Ein Kaleidoskop empirischer Forschung, 2023, S. 163–180.
12 Dazu neuerdings *Pollack*, Die Zukunft der Religion in modernen Gesellschaften, in: Dürnberger (Hrsg.), Wie geht es weiter? Zur Zukunft der Wissensgesellschaft, Innsbruck/Wien 2023, S. 9–37. Die bekannte Formel zum Jahreswechsel 2021/22, dass inzwischen weniger als die Hälfte der Bevölkerung den christlichen Kirchen zugehören, verdeckt noch die generationelle Verschiebung, bei der der Anteil junger Christen (unter 65 J.) noch erheblich kleiner ist. Voraussichtlich wird der Kirchenaustritt aus Anlass des ersten Gehalts, der inzwischen einen Regelfall des Kirchenaustritts bildet, zusätzlich in der weiteren Folge zu einem überproportional anwachsenden Wegfall der Taufen führen.
13 Der konfessionell-kooperative Religionsunterricht ist religionspädagogisch und fachdidaktisch inzwischen weitreichend konzeptuali-

siert und zugleich offen für interreligiöse Bildung. Vgl. neuerdings *Baumert/Teschmer*, Konfessionell kooperativer Religionsunterricht. Eine Fachdidaktik, 2024: „Ziel des konfessionell kooperativen Religionsunterrichts […] ist die Bildung einer konfessionsbezogenen Ich-Identität der Schüler*innen. Die Konfessionalität des Religionsunterrichts soll durch die Konfrontation mit katholischer und evangelischer Theologie in christlicher Perspektive erreicht werden, wobei die eingespielten Themen über das spezifisch Christliche hinausgehen. So soll auch der interreligiösen Bildung ein großer Stellenwert zukommen, aber eben aus christlicher Perspektive heraus." (S. 102).

14 Vgl. *Abdel-Rahmann*, Zum Stand und zu Entwicklungsmöglichkeiten des islamischen Religionsunterrichts in Deutschland, in: Kubik/Klinger/Saglam (Hrsg.), Neuvermessung des Religionsunterrichtes nach Art. 7 Abs. 3 GG, 2022, S. 112 ff.

15 Vgl. *Sekretariat der Deutschen Bischofskonferenz* (Hrsg.), Die Zukunft des konfessionellen Religionsunterrichts, in: Die deutschen Bischöfe, Nr. 103, 2016; vgl. zur Genese der römisch-katholischen Position *Sajak*, Interreligiöses Lernen, 2018, S. 13–22; vgl. *Evangelische Kirche in Deutschland*, Konfessionell-kooperativ erteilter Religionsunterricht, 2018.

16 Vgl. dazu exemplarisch *Bistum Münster/Evangelische Kirche von Westfalen/Evangelische Kirche im Rheinland* (Hrsg.), Den konfessionellen Unterricht sichern und stärken. Perspektiven konfessioneller Kooperation. Vereinbarung zwischen dem Bistum Münster, der Evangelischen Kirche von Westfalen und der Evangelischen Kirche im Rheinland zur konfessionellen Kooperation im Religionsunterricht, 2017, Im Internet: https://www.ekir.de/www/downloads/Koop_Muenster.pdf (zuletzt abgerufen am 27.02.2024).

17 Vgl. *Link*, Rechtsgutachten über die Vereinbarkeit des Hamburger Modells eines „Religionsunterrichts für alle in evangelischer Verantwortung" mit Artikel 7 Abs. 3 GG, in: Weiße (Hrsg.), Wahrheit und Dialog, 2002, S. 201–230; vgl. zur aktuelleren Diskussion zunächst *Wißmann*, Religionsunterricht für alle?, 2019.

18 Vgl. *Weiße* (Hrsg.), Wahrheit und Dialog, 2002; vgl. zur Diskussion *Bauer*, Religionsunterricht für alle, 2019.

19 Vgl. *Härle*, Religionsunterricht unter pluralistischen Bedingungen, 2019.

20 Vgl. dazu den auf die Hamburger Situation zugeschnittenen Band von *Roloff/Knauth* (Hrsg.), Buddhistischer Religionsunterricht. Bestandsaufnahmen und Perspektiven, Münster 2023.

21 Art. 4 GG; Art. 140 GG in Verbindung mit Art. 137 Abs. 1 WRV; ferner zu den Grundprinzipien des Religionsverfassungsrechts siehe etwa *Unruh*, Religionsverfassungsrecht, 4. Aufl. 2018, S. 23–29; *Classen*, Religionsrecht, 3. Aufl. 2021, S. 56–77; siehe auch *Wißmann*, Religionsverfassungsrecht im föderalen Mehrebenensystem, in: Härtel (Hrsg.), Handbuch des Föderalismus, Bd. 3, 2012, S. 183–213; *Germann*, Das System des Staatskirchenrechts in Deutschland, in: Pirson / Rüfner / Germann / Muckel (Hrsg.), HStKR, Bd. 1, 3. Aufl. 2020, S. 313–329; *Badura*, Das Staatskirchenrecht als Gegenstand des Verfassungsrechts. Die verfassungsrechtlichen Grundlagen des Staatskirchenrechts, in: Pirson / Rüfner / Germann / Muckel, HStKR, Bd. 1, 3. Aufl. 2020, S. 334–360.
22 BVerfGE 74, 244 – Religionsunterricht (1987). Anlass war ein Verfahren, in dem Eltern (in einer ökumenischen Ehe) im Jahr 1977 (!) für ihre katholischen Töchter den Zugang zur Evangelischen Religionslehre in der Oberstufe erreichen wollten, nachdem diese am evangelischen Unterricht in der 11. Klasse teilgenommen hatten. Die staatliche Schule lehnte das mit Verweis auf „Entscheidungen" der Evangelischen Landeskirche und der katholischen Diözesen in Rheinland-Pfalz ab, die einen überwiegenden Besuch des Religionsunterrichts der eigenen Konfessionen verlangten. Die Beschwerdeführer verloren das Verfahren mit Verweis auf das Recht der Religionsgemeinschaft, über eventuelle Gastrechte zu bestimmen.
23 BVerfGE 74, 244 (251) – Religionsunterricht (1987).
24 BVerfGE 74, 244 (252) – Religionsunterricht (1987).
25 Vgl. etwa *Classen*, Religionsrecht, 3. Aufl. 2021, S. 241 f.; *von Campenhausen / de Wall*, Religionsverfassungsrecht, 5. Aufl. 2022, S. 254 ff.; *Robbers*, Art. 7, Rn. 126 f., in: von Mangoldt / Klein / Starck (Hrsg.), GG-Kommentar.
26 Einen nach Bundesländern sortierten, summarischen Überblick bietet *Benatar*, Religionsunterricht in Deutschland. Eine Bestandsaufnahme, in: Zeitschrift für Religions- und Weltanschauungsfragen (4/2020), S. 277–286.
27 Vgl. zur Praxis die verschiedenen Beiträge in *Rothgangel / Schröder* (Hrsg.), Religionsunterricht in den Ländern der Bundesrepublik Deutschland, 2020; vgl. ferner zu den unterschiedlichen Praxen in den Bundesländern den Beitrag von *Domsgen / Witten*, Religionsunterricht im Wandel. Ein Überblick über Entwicklungen in Deutschland, in: Domsgen / Witten (Hrsg.), Religionsunterricht im Plausibilisierungsstress, 2022, S. 17–53.

28 Genauer wäre zu unterscheiden: Vor 1945 war zwar in den meisten deutschen Ländern und insbesondere in Preußen eine normativ paritätische Lage gegeben, wenn der jeweilige Gesamtstaat in den Blick genommen wurde. Regional war dabei die Bevölkerung jedoch zumindest in den ländlichen Gebieten außerhalb der Großstädte zumeist noch ganz stabil sehr homogen strukturiert, sodass sich in der übergroßen Zahl der Volksschulen das Problem der Konfession höchstens in Bezug auf einzelne Dissenter stellte (siehe dazu *Anschütz,* Die Religionsfreiheit, in: Anschütz / Thoma (Hrsg.), Handbuch des Deutschen Staatsrechts, Bd. 2, 1932, S. 675–689, insbes. S. 675–680). Diese Situation änderte sich nach 1945 vor allem durch die Vertriebenen, wodurch nun häufig Gruppen verschiedener Konfession in den Schulen nebeneinandersaßen.
29 Vgl. zur Geschichte und gegenwärtigen Gestaltungen des orthodoxen Religionsunterrichts in Deutschland, der seit 1946 erteilt wird, die umfassende Arbeit von *Kiroudi,* Orthodoxer Religionunterricht in Deutschland. Geschichte, Rahmenbedingungen, Perspektiven, 2021 sowie *Danilovich,* Unsichtbare Präsenz. Erfahrungen mit orthodoxem Religionsunterricht in Deutschland, in: Willems (Hrsg.), Religion in der Schule. Pädagogische Praxis zwischen Diskriminierung und Anerkennung, 2020, S. 327–343.
30 Vgl. *Roser,* Mennonitischer Religionsunterricht in Nordrhein-Westfalen, in: ZRW, Materialdienst der EZW, 83. Jg. (2020), Heft 2, S. 114–123.
31 Vgl. zum jüdischen Religionsunterricht im Überblick die Beiträge von Klapheck und Landthaler in *Klapheck / Landthaler / Rappoport,* Deutschland braucht jüdischen Religionsunterricht, Machloket-Streitschriften, Bd. 4, 2019, S. 7–45, insbes. S. 7–18.
32 VGH Kassel, 7 A 1802/21.Z. Der VGH bestätigte mit der Nichtzulassung der Berufung die Entscheidung des VG Wiesbaden vom 2. Juli 2021, 6 K 1234/20.WI.
33 Vgl. *Bayerischer Landtag,* Gesetzentwurf der Staatsregierung zur Änderung des Bayerischen Gesetzes über das Erziehungs- und Unterrichtswesen, 18. Wahlperiode, Drucksache 18/15059 vom 13.04. 2021; vgl. dazu auch den Beitrag von *de Wall,* in: Domsgen / Witten (Hrsg.), Religionsunterricht im Plausibilisierungsstress, 2022, S. 121 f.
34 Vgl. dazu in historischer Perspektive *Bauer,* Weltanschauungsunterricht. Anmerkungen zu einem inzwischen 100jährigen Problem, in: Kubik / Klinger / Saglam (Hrsg.), Neuvermessung des Religionsunterrichts nach Art. 7 Abs. 3 GG, 2022, S. 87–99.

35 Für Baden-Württemberg siehe *Boschki / Schweitzer*, Religion unterrichten in Baden-Württemberg, in: Rothgangel / Schröder (Hrsg.), Religionsunterricht in den Ländern der Bundesrepublik Deutschland, 2020, S. 22 f.; für Bayern siehe *Lindner / Simojoki*, Religion unterrichten in Bayern, in: Rothgangel / Schröder (Hrsg.), Religionsunterricht in den Ländern der Bundesrepublik Deutschland, 2020, S. 61 f.

36 Ob die Einrichtung des Ersatzfachs den konfessionellen Religionsunterricht stärkt (weil die Abmeldung in einen anderen Unterricht führt) oder schwächt (weil ein attraktiveres Angebot gemacht wird), ist seit jeher umstritten. Vgl. zur Einführung des Ersatzunterrichts *Ogorek*, Religionsunterricht, in: Pirson / Rüfner / Germann / Muckel (Hrsg.), HStKR, Bd. 2, 3. Aufl. 2020, S. 1846–1851; *Robbers*, Art. 7, Rn. 136–139, in von Mangoldt / Klein / Starck (Hrsg.), GG-Kommentar.

37 Vgl. https://www.mk.niedersachsen.de/startseite/aktuelles/presseinformationen/werte-und-normen-soll-2025-ordentliches-unterrichtsfach-an-grundschulen-werden-182148.html (zuletzt abgerufen am 27.02.2024).

38 Vgl. für einen empirischen Überblick zur Abmeldung vom (insbesondere evangelischen) Religionsunterricht in den Bundesländern *Gennerich / Zimmermann*, Abmeldung vom Religionsunterricht, 2016, S. 8–82, insbes. S. 8–12 und S. 30–82.

39 Art. 47 BayEUG in der zum 01.08.2021 in Kraft getretenen Fassung; dies gilt auch für einige Schulen in Nordrhein-Westfalen. Ein entsprechender Schulversuch in Bremen wurde beendet. Anmerkung: es gibt jedoch keinen islamischen Religionsunterricht als festes Unterrichtsfach in Hessen und SH, es sind lediglich Schulversuche; NW Hessen: In Hessen wird ein „Islamunterricht" per Schulversuch durch die Landesregierung in staatlicher Eigenverantwortung seit dem Schuljahr 2019/2020 (zunächst nur für die Jahrgangsstufe 7 an sechs weiterführenden Schulen und seit dem Schuljahr 2020/2021 ausgeweitet für die Jahrgangsstufen 1 bis 9) auf Grundlage von § 14 Abs. 1 Hessisches Schulgesetz („Schulversuche und Versuchsschulen") erprobt, vgl. hierzu Im Internet: https://kultus.hessen.de//Unterricht/Religionsunterricht/schulversuch-Islamunterricht (zuletzt abgerufen am 27.02.2024); ebenso wurde in Schleswig-Holstein durch die Landesregierung am 25.04.2006 beschlossen, dass ab dem Schuljahr 2007/2008 per Schulversuch auf Grundlage von § 138 Abs. 1 SchulG Schleswig-Holstein („Schulversuche, Erprobung anderer Mitwirkungsformen") an einigen ausgewählten Grundschulen

ein Islamunterricht unter der Aufsicht des Staates angeboten wird, vgl. hierzu Im Internet: https://fachportal.lernnetz.de/sh/fachanforderungen/islamunterricht.html (zuletzt abgerufen am 27.02.2024).
40 Zum Ziel siehe die Begründung im Bayerischen Gesetzentwurf, vgl. *Bayerischer Landtag*, Gesetzentwurf der Staatsregierung zur Änderung des Bayerischen Gesetzes über das Erziehungs- und Unterrichtswesen, 18. Wahlperiode, Drucksache 18/15059 vom 13.04.2021, S. 3–6. Der Bayerische Verfassungsgerichtshof hat eine Popularklage gegen den Islamunterricht mit Entscheidung vom 28.06.2022 (Az. Vf. 42-VII-21) als unzulässig abgewiesen. Dabei stellt das Gericht zutreffend darauf ab, dass der Islamunterricht gerade kein bekenntnisgebundener Unterricht im Sinn des Art. 7 Abs. 3 GG sei – was freilich die Frage seiner Zulässigkeit nicht abschließend beantworten dürfte, wenn der Islamunterricht zugleich der „Verstetigung" konfessionell orientierter Unterrichtsversuche dienen soll und insbesondere Lehrkräfte einsetzt, die gerade eine religionsgemeinschaftliche Lehrerlaubnis haben – auf diese kann es bei einem staatlich verantworteten Unterricht gerade nicht ankommen.
41 Vgl. *Lütze/Scheidler*, Religion unterrichten in Sachsen, in: Rothgangel/Schröder (Hrsg.), Religionsunterricht in den Ländern der Bundesrepublik Deutschland, 2020, S. 352.
42 Vgl. *Kumlehn*, Religion unterrichten in Mecklenburg-Vorpommern, in: Rothgangel/Schröder (Hrsg.), Religionsunterricht in den Ländern der Bundesrepublik Deutschland, 2020, S. 226 ff.
43 Der Begriff der Gemeinschaftsschule ist – ungeachtet seiner gegenwärtig zu beobachtenden Verwendung als Variante der Gesamtschule seit jeher dafür genutzt worden, die nicht bekenntnisgebundene (und zugleich eben nicht bekenntnisfreie) Schule zu kennzeichnen, vgl. dazu BVerfGE 41, 29 (40 ff.). Vgl. näher *Wißmann*, Art. 7, Rn. III-122 ff. und III-268 ff., in: Kahl/Waldhoff/Walter (Hrsg.), BK GG.
44 OVG NRW, Beschl. v. 09.09.2016, Az. 19 A 805/14; bestätigt durch BVerwG, Beschl. v. 22.03.2017, Az. 6 B 66/16 sowie BVerfG, Beschl. v. 08.09.2017, 1 BvR 984/17. Das kann angesichts des klaren Wortlauts des Art. 7 Abs. 2 GG nicht überzeugen. Zur Kritik *Wißmann*, Teilnahme am Religionsunterricht – Zugangsvoraussetzung in staatlichen in Schulen? in: ZevKR, 63. Bd. (2018), S. 209–224.
45 Vgl. für die Schulen in evangelischer Trägerschaft die Übersicht vom Comenius-Institut (Hrsg.), Evangelische Schulen – Empirische Befunde und Perspektiven 2017 bis 2019, 2020.

46 Vgl. § 132a SchulG NRW; zur Kritik bereits an der Beiratslösung vor 2019 vgl. *Muckel*, Das deutsche Staatskirchenrecht als Rahmen für den Auftrag der Kirchen im freiheitlichen Verfassungsstaat, in: Kämper / Pfeffer (Hrsg.), Essener Gespräche zum Thema Staat und Kirche, 48. Bd. (2015), S. 107, 124f. und 140f.; zum Meinungsbild zur Zulässigkeit der Beiratslösung und die Änderungen im SchulG NRW in 2019 vgl. *Wißmann*, Landtag NRW, Stellungnahme 17/1547; *Hense*, Landtag NRW, Stellungnahme 17/1534.

47 Zur Kritik siehe *Wißmann*, Landtag NRW, Stellungnahme 17/1547, Stellungnahme zur Weiterführung des islamischen Religionsunterrichts (14. Schulrechtsänderungsgesetz), S. 4ff.

48 § 132a SchulG NRW wurde in der aktuellen Fassung eingefügt durch das Gesetz zum islamischen Religionsunterricht als ordentliches Lehrfach (14. Schulrechtsänderungsgesetz) vom 02.07.2019.

49 Vgl. zum Stand des islamischen Religionsunterrichts in Nordrhein-Westfalen die eingehende Studie „Erfahrungen und Bedarfe der für den islamischen Religionsunterricht ausgebildeten Lehrkräfte in NRW. Eine Studie des ZfTI im Rahmen des Exzellenzclusters Religion und Politik der Universität Münster", 2022 (Projektzeitraum 2019–2025).

50 Vgl. Angaben nach *Dzambo / Teschmer / Waltemathe*, Religion unterrichten in Nordrhein-Westfalen, in: Rothgangel / Schröder (Hrsg.), Religionsunterricht in den Ländern der Bundesrepublik Deutschland, 2020, S. 269–289.

51 Die im Jahr 2022 gebildete nordrhein-westfälische Landesregierung unterstützt „den Aufbau islamischer Studiengänge an Universitäten" und will „den Ausbau der islamischen Theologie zur Fakultät an der Universität Münster fördern", vgl. dazu „Zukunftsvertrag für das Land Nordrhein-Westfalen", Koalitionsvereinbarung von CDU und GRÜNEN 2022–2027, Z. 6446f., im Internet: https://www.cdu-nrw.de/sites/www.neu.cdu-nrw.de/files/zukunftsvertrag_cdu-grune.pdf (zuletzt abgerufen am 27.02.2024).

52 Vgl. zur religiösen Pluralität an der Universität *von Scheliha*, Religiöse Pluralität an der Universität. Chancen und Probleme staatlicher Steuerung und fachlicher Selbstbestimmung, in: von Scheliha (Hrsg.), Religionspolitik, 2018, S. 227–239.

53 Vgl. *Mückl*, Religionsunterricht bikonfessionell, ökumenisch, multireligiös, in: ZevKR, 64. Bd. (2019), S. 235–246; vgl. *Schröder*, Kooperation von Staat und Kirchen bzw. Religionsgemeinschaften im Religionsunterricht – eine religionspädagogische Perspektive, in: ZevKR, 64. Bd. (2019), S. 257, 269ff.

54 Vgl. *Domsgen / Witten*, Religionsunterricht im Wandel. Ein Überblick über Entwicklungen in Deutschland, in: Domsgen / Witten (Hrsg.), Religionsunterricht im Plausibilisierungsstress, 2022, S. 18–22.
55 Vgl. *Bauer*, Die Weiterentwicklung des Hamburger Religionsunterrichts in der Diskussion zwischen Verfassungsrecht und Schulpädagogik, in: ZevKR, 59. Bd. (2014), S. 227–256; vgl. *Wißmann*, Religionsunterricht für alle? 2019, S. 29–85.
56 Vgl. *Bauer*, Religion unterrichten in Hamburg, in: Rothgangel / Schröder (Hrsg.), Religionsunterricht in den Ländern der Bundesrepublik Deutschland, 2020, S. 168 ff.
57 § 7 Abs. 1 Bremisches SchulG (Anmerkung: die Weiterentwicklung zum Fach „Religion" erfolgte maßgeblich auf der Ebene der Bildungspläne im zuständigen Schulministerium); vgl. *Kenngott*, Interreligiöser Religionsunterricht in Bremen, in: Kubik / Klinger / Saglam (Hrsg.), Neuvermessung des Religionsunterrichts nach Art. 7 Abs. 3 GG, 2022, S. 203–228.
58 Vgl. *Kenngott*, Religion unterrichten in Bremen, in: Rothgangel / Schröder (Hrsg.), Religionsunterricht in den Ländern der Bundesrepublik Deutschland, 2020, S. 145–149.
59 § 12 Abs. 6 S. 2 SchulG Berlin.
60 Vgl. dazu *Noack*, Buddhistischer Religionsunterricht und Ethikunterricht an Berliner Schulen, in: Roloff / Knauth (Hrsg.), Buddhistischer Religionsunterricht. Bestandsaufnahmen und Perspektiven, 2023, S. 61–79. Noack präsentiert auch neue Zahlen zur Frequenz aller in Berlin durchgeführten Formen des Religionsunterrichts.
61 Vgl. zu den Angaben insgesamt *Häusler*, Religion unterrichten in Berlin, in: Rothgangel / Schröder (Hrsg.), Religionsunterricht in den Ländern der Bundesrepublik Deutschland, 2020, S. 71–96.
62 § 11 Abs. 2, 3 Brandenburgisches SchulG.
63 Vgl. *Lenz*, Religionskunde (und Religion) unterrichten in Brandenburg, in: Rothgangel / Schröder (Hrsg.), Religionsunterricht in den Ländern der Bundesrepublik Deutschland, 2020, S. 97–128.
64 Vgl. „Das Beste für Berlin", Koalitionsvertrag 2023–2026 zwischen CDU und SPD, S. 42 (Hervorhebungen im Original gestrichen), Im Internet: https://cdu-fraktion.berlin.de/image/uploads/data/2023_koalitionsvertrag_berlin.pdf (zuletzt abgerufen am 27.02.2024).
65 Vgl. *Comenius-Institut*, Evangelischer Religionsunterricht. Empirische Befunde und Perspektiven aus Baden-Württemberg, Niedersachsen und Sachsen, 2020, Im Internet: https://comenius.de/publikation/bildungsbericht-zum-evangelischen-religionsunterricht

Endnoten 153

-kurzfassung/ (zuletzt abgerufen am 27.02.2024). Dieser Bericht zeigt, dass in den genannten Bundesländern die Zahl der Teilnehmenden am evangelischen Religionsunterricht stagniert, trotz demographisch begründeten Rücklaufs und Abmeldungen. Im Ergebnis bedeutet das, dass der evangelische Religionsunterricht faktisch mehr Schülerinnen und Schüler als Mitglieder zählt, als die evangelischen Kirchen Mitglieder haben (insbes. in Sachsen).

66 Vgl. neuerdings *Abdel-Rahmann*, Zum Stand und zu Entwicklungsmöglichkeiten des islamischen Religionsunterrichts in Deutschland, in: Kubik / Klinger / Saglam (Hrsg.), Neuvermessung des Religionsunterrichts nach Art. 7 Abs. 3 GG, 2022, S. 101–116. Demnach gibt es islamischen Religionsunterricht an über 900 Schulen für knapp 60.000 Schüler (a. a. O. S. 102).

67 Für Nordrhein-Westfalen vgl. „Zukunftsvertrag für das Land Nordrhein-Westfalen", Koalitionsvereinbarung von CDU und GRÜNEN 2022–2027, Z. 3046f., Im Internet: https://www.cdu-nrw.de/sites/www.neu.cdu-nrw.de/files/zukunftsvertrag_cdu-grune.pdf (zuletzt abgerufen am 27.02.2024); für Schleswig-Holstein vgl. „Ideen verbinden. Chancen nutzen. Schleswig-Holstein gestalten.", Koalitionsvertrag 2022–2027 zwischen CDU und GRÜNEN, S. 16, Im Internet: https://www.cdu-sh.de/sites/www.cdu-sh.de/files/docs/koalitionsvertrag_schleswig-holstein_2022-2027.pdf (zuletzt abgerufen am 27.02.2024). Für Hessen vgl. „Eine für Alle", Hessenvertrag der Demokratisch-Christlich-Sozialen Koalition 2024–2029, Im Internet: https://www.cduhessen.de/data/documents/2023/07/05/2831-64a58181dffad.pdf (zuletzt abgerufen am 27.02.2024).

68 Vgl. zur Evolution des „klassischen" Religionsunterrichts nach 1949 weg von kirchlicher Unterweisung und hin zur Öffnung für religionskundliche Elemente und „Gast"-Lösungen *Munsonius*, Religionsunterricht nach Art. 7 Abs. 3 GG – historisch bewährt, aber überlebt? in: Kubik / Klinger / Saglam (Hrsg.), Neuvermessung des Religionsunterrichts nach Art. 7 Abs. 3 GG, 2022, S. 29–41; vgl. auch *Kreß*, Religionsunterricht oder Ethikunterricht? 2022, S. 140ff.

69 Zum Schulverfassungsrecht und der Verteilung der Kompetenzen vgl. *Wißmann*, Art. 7, Rn. III-1 ff., in: Kahl / Waldhoff / Walter (Hrsg.), BK GG; in knapper Form *Wißmann*, Schulrecht, in: Görres-Gesellschaft/Verlag Herder (Hrsg.), Staatslexikon, Bd. 5, 8. Aufl. 2021, S. 27–31.

70 Als Instrument der Koordinierung wird vor allem die Kultusministerkonferenz (KMK) tätig, zu ihren Aufgaben vgl. *Sekretariat der Ständigen Konferenz der Kultusminister der Länder in der Bundes-*

republik Deutschland, Die Kultusministerkonferenz (KMK). Aufgaben, Im Internet: https://www.kmk.org/de/kmk/aufgaben.html (zuletzt abgerufen am 27.02.2024); vgl. für einen dezidierten Überblick zur Kultusministerkonferenz an sich *Knoke*, Die Kultusministerkonferenz und die Ministerpräsidentenkonferenz, 1966, S. 19–49.

71 Aktuelle Zusammenstellung der verschiedenen Praxismodelle bei *Mückl*, Religionsunterricht bikonfessionell, ökumenisch, multireligiös, in: ZevKR, 64. Bd. (2019), S. 225–256; vgl. auch *Heckel*, Neue Formen des Religionsunterrichts? in: Grote / Härtel / Hain / Schmidt / Schmitz / Schuppert / Winterhoff (Hrsg.), Die Ordnung der Freiheit, FS Starck, 2007, S. 1107–1128.

72 So etwa in Bezug auf kokoRu (konfessionell-kooperativer Religionsunterricht) wie auf den gemeinsamen evangelisch-katholischen Unterricht in Niedersachsen. Vgl. allgemein zum kokoRu *Mückl*, Religionsunterricht bikonfessionell, ökumenisch, multireligiös, in: ZevKR, 64. Bd. (2019), S. 225, 237f.; vgl. zur Lage in Niedersachsen *Schröder*, Religion unterrichten in Niedersachsen, in: Rothgangel / Schröder (Hrsg.), Religionsunterricht in den Ländern der Bundesrepublik Deutschland, 2020, S. 247–254; vgl. kritischer zum kokoRu unter Betonung der Konfessionalität *Meckel*, Die Zukunft des konfessionellen Religionsunterrichts, in: Ohly / Rees / Gerosa (Hrsg.), Theologia Iuris Canonici, FS Müller, 2017, S. 825–848. Am stärksten ist naheliegenderweise die Kritik am Hamburger Religionsunterricht für alle 2.0, weil dort am deutlichsten auch konzeptionell der traditionelle Pfad verlassen wird. Dazu etwa bereits kritisch zum Vorläufermodell „Religionsunterricht für alle" in Hamburg *Link*, Konfessioneller Religionsunterricht in einer gewandelten sozialen Wirklichkeit? Zur Verfassungskonformität des Hamburger Religionsunterrichts „für alle", in: ZevKR, 46. Bd. (2001), S. 257–285; ebenso *Kreß*, Konfessioneller Religionsunterricht oder pluralismusadäquater Ethikunterricht? in: ZRP 2019, S. 22 ff.; vgl. auch *Heckel*, Neue Formen des Religionsunterrichts? in: Grote / Härtel / Hain / Schmidt / Schmitz / Schuppert / Winterhoff (Hrsg.), Die Ordnung der Freiheit, FS Starck, 2007, S. 1115–1118; vgl. zur Kritik aus theologischer Perspektive *Härle*, Religionsunterricht unter pluralistischen Bedingungen, Evangelische Verlagsanstalt, 2019, S. 13–145.

73 S. o. S. 13 ff.

74 BVerfGE 74, 244 (252 ff.) – Religionsunterricht (1987). Die Zitation ist eine – nicht chronologische – Zusammenstellung der tragenden Argumente der Entscheidung.

75 Vgl. zu den Phasen des Religionsverfassungsrechts der Bundesrepublik *Wißmann*, Schule und Religion. Entwicklungsphasen des Religionsverfassungsrechts, in: Ad Legendum, 12. Bd. (2015), Heft 1, S. 1–7; vgl. *Unruh*, Religionsverfassungsrecht, 4. Aufl. 2018, S. 39–44; vgl. *Classen*, Religionsrecht, 3. Aufl. 2021, S. 12–17; vgl. *von Campenhausen / de Wall*, Religionsverfassungsrecht, 5. Aufl. 2022, S. 40 ff.
76 Zum Topos der Selbstbestimmung ausdrücklich BVerfGE 74, 244 (254 f.) – Religionsunterricht (1987).
77 Die maßgeblichen Zuständigkeitskataloge sind vor allem in Art. 73 und 74 GG zu finden. In der Tat gilt also: Die Vermutung für die Gesetzgebungskompetenz liegt bei den Ländern, sie müssen sie nicht in einem geschriebenen Katalog nachweisen (!).
78 Das Bundesverfassungsgericht hat hier als Bundesorgan „seine" Ebene im Staatsaufbau verlässlich unterstützt. Zur weiten Auslegung durch das Bundesverfassungsgericht z. B. beim „Recht der Wirtschaft" vgl. *Uhle*, Art. 74, Rn. 225 ff., in: Düring / Herzog / Scholz (Hrsg.), GG; und z. B. bei der „Fürsorge" vgl. *Uhle*, Art. 74, Rn. 173 ff., in: Düring / Herzog / Scholz (Hrsg.), GG. Hinzu kommt die überragende Bedeutung der Grundrechte des Grundgesetzes, die alle Staatsgewalten (auch in den Ländern) unmittelbar binden, vgl. dazu *Starck*, Art. 1, Rn. 221 ff., in: von Mangoldt / Klein / Starck (Hrsg.), GG-Kommentar; vgl. *Herdegen*, Art. 1, Rn. 120 ff., in: Düring / Herzog / Scholz (Hrsg.), GG; vgl. auch *Jestaedt*, Phänomen Bundesverfassungsgericht. Was das Gericht zu dem macht, was es ist, in: Jestaedt / Lepsius / Möllers / Schönberger (Hrsg.), Das entgrenzte Gericht. Eine kritische Bilanz nach sechzig Jahren, 3. Aufl. 2019, S. 84–90 und S. 119–123.
79 Die Länder lassen sich allerdings die Zuständigkeiten im Schulbereich durch finanzielle Förderzusagen des Bundes nach und nach „abkaufen", so zuletzt durch die Bundesregelung zur Ganztagsbetreuung in der Grundschule – die eben nicht als Schulregelung gelten darf (Zuständigkeit Länder), sondern als sozialstaatliche Regelung („Fürsorge" – Zuständigkeit Bund).
80 Zur damaligen schulpolitischen und schulrechtlichen Lage im Überblick *Wißmann*, Art. 7, Rn. II-13 ff., in: Kahl / Waldhoff / Walter (Hrsg.), BK GG.
81 Art. 144 S. 2 WRV: „Die Schulaufsicht wird durch hauptamtlich tätige, fachmännisch vorgebildete Beamte ausgeübt". Diese Vorschrift sollte sicherstellen, dass die Praxis einer nebenamtlich durch Geistliche geführten „staatlichen" Schulaufsicht beendet wurde, wie sie im Kaiserreich als pragmatischer Zwischenzustand vielfach aufzufinden

war, vgl. dazu *Anschütz*, Die Verfassung des Deutschen Reichs vom 11. August 1919, Kommentar, 1930, Art. 144, S. 672 f.; vgl. *Wißmann*, Art. 7, Rn. II-17 f., in: Kahl / Waldhoff / Walter (Hrsg.), BK GG; vgl. auch *Huber*, Deutsche Verfassungsgeschichte seit 1789, Bd. VI, 1981, S. 941 ff.

82 Bekanntlich ist dieses Reichsschulgesetz nie zustande gekommen, so dass faktisch der Zustand des Kaiserreichs vielfach konserviert wurde, insbesondere die Vorhand der Bekenntnisschulen. Gleichwohl ist es eine Verzerrung, die Schulbestimmungen mit Carl Schmitt als „dilatorischen Formelkompromiss" zu kennzeichnen (siehe dazu *Schmitt*, Verfassungslehre, 1928, S. 32 ff.); vgl. zum Weimarer Schulkompromiss auch *Huber*, Deutsche Verfassungsgeschichte seit 1789, Bd. VI, 1981, S. 939 ff.).

83 Vgl. Art. 24 der Preußischen Verfassungsurkunde von 1850, siehe dazu *Anschütz*, Die Verfassungs-Urkunde für den Preußischen Staat vom 31. Januar 1850, Kommentar, Bd. I, 1912, Art. 24, S. 438 ff.

84 Vgl. *Ogorek*, Religionsunterricht, in: Pirson / Rüfner / Germann / Muckel (Hrsg.), HStKR, Bd. 2, 3. Aufl. 2020, S. 1804 f.; vgl. auch *Kreß*, Religionsunterricht oder Ethikunterricht, 2022, S. 114–118; vgl. ferner zur Kritik durch die Katholische Kirche z. B. *Das Bundesarchiv*, Die Fuldaer Bischofskonferenz an den Reichspräsidenten und die Reichsregierung. Köln. im Oktober 1919, R 43 I/2197, Bl. 21–24, Im Internet: https://www.bundesarchiv.de/aktenreichsk anzlei/1919–1933/0100/bau/bau1p/kap1_2/para2_93.html (zuletzt abgerufen am 27.02.2024).

85 Zur Schulgeschichte im Nationalsozialismus unter diesem Aspekt vgl. *Wißmann*, Art. 7, Rn. II-21, in: Kahl / Waldhoff / Walter (Hrsg.), BK GG.

86 Allerdings hatte die Weimarer Verfassung und die frühe Staatsrechtslehre gerade auch für die Bekenntnisschule die Abmeldung vom Religionsunterricht sichergestellt, so eindeutig bei *Landé*, Art. 143–149, in: Nipperdey (Hrsg.), Die Grundrechte und Grundpflichten der Reichsverfassung, Kommentar WRV, Bd. III, 1930, S. 89; vgl. dazu auch *Anschütz*, Die Verfassung des Deutschen Reichs vom 11. August 1919, Kommentar, 1930, Art. 144, S. 689 ff. In Verkennung dieser Ausgangslage sieht die gegenwärtig herrschende gerichtliche Schulrechtsdogmatik einen solchen Abmeldewunsch heutzutage – jedenfalls für muslimische Schülerinnen und Schüler ausgerechnet an staatlichen Bekenntnisschulen in NRW – als Nachweis eines fehlenden Bekenntnisses zur jeweiligen Schulidee an und verwehrt solchen Schülerinnen und Schülern mit Billigung des Bundesverfas-

sungsgerichts die Freiheit aus Art. 7 Abs. 2 GG (im Gegensatz zu katholischen Schülerinnen und Schülern, die kraft Taufe gut genug für diese staatlichen Schulen sind und vom Unterricht abgemeldet werden können). Siehe dazu OVG NRW, Beschl. v. 09.09.2016, Az. 19 A 805/14, bestätigt durch BVerwG, Beschl. v. 22.03.2017, Az. 6 B 66/16 sowie BVerfG, Beschl. v. 08.09.2017, 1 BvR 984/17; Kritik hierzu bei *Wißmann*, Teilnahme am Religionsunterricht – Zugangsvoraussetzung in staatlichen in Schulen? in: ZevKR, 63. Bd. Heft 2 (2018), S. 209–224.

87 Die Umstellung von Bekenntnisschulen auf Gemeinschaftsschulen erfolgte gegen die Bestimmungen des Reichskonkordats, das 1933 einen Scheinsieg der katholischen Bekenntnisschule herbeigeführt hatte. Das Bundesverfassungsgericht schützte die Veränderung hin zur Bekenntnisschule gegen die Klage der Bundesregierung mit Verweis auf die neue Kompetenzordnung des Grundgesetzes, die den Ländern die Entscheidung über das Schulwesen auch gegen völkerrechtliche Bindungen des Bundes übertrüge, BVerfGE 6, 309 – Reichskonkordat (1957) – eine heute so nur schwer vorstellbare Entscheidung mit schon damals eminent politischer Wirkung.

88 Vgl. zur Gemeinschaftsschule und zur damaligen schulpolitischen Lage in Bayern *Pfahls*, Staat, Kirche und Volksschule in Bayern, 1972, S. 79–89 und S. 156–173; zur Verfassungsänderung siehe auch *Bayerischer Landtag*, Gesetz zur Änderung des Art. 135 der Verfassung des Freistaates Bayern, 6. Wahlperiode, Drucksache 6/1011 vom 26.04.1968.

89 Vgl. BVerfGE 41, 29 – Simultanschule (1975); BVerfGE 41, 65 – Gemeinsame Schule (1975); BVerfGE 41, 88 – Gemeinschaftsschule (1975).

90 Das BVerfG nutzt dafür die Formel vom Staat als „Heimstatt aller (Staats-)Bürger", stdg. Rechtsprechung seit BVerfGE 19, 206 (216) – Kirchenbausteuer (1965).

91 Zitiert nach *Wittekind*, Welche Religionsgemeinschaften sollen Körperschaften öffentlichen Rechts sein? Die Entstehung des modernen deutschen Staatskirchenrechts in den Verhandlungen über die Weimarer Reichsverfassung, in: Brakelmann / Friedrich / Jähnichen (Hrsg.), Auf dem Weg zum Grundgesetz. Beiträge zum Verfassungsverständnis des neuzeitlichen Protestantismus, 1999, S. 82.

92 A.a.O., S. 84.

93 Vgl. dazu Leonhardt / von Scheliha (Hrsg.), Hier stehe ich, ich kann nicht anders! Zu Martin Luthers Staatsverständnis, 2015.

94 *Kubik*, Kulturstaat oder Religionsfreiheit, in: ZThK, 117. Bd. (2020), Heft 1, S. 46, 57.
95 Vgl. *Troeltsch*, Die Trennung von Staat und Kirche, der staatliche Religionsunterricht und die theologischen Fakultäten (von 1907), in: Troeltsch (Hrsg.), Kritische Gesamtausgabe/Band 6. Schriften zur Religionswissenschaft und Ethik (1903–1912), Bd. 6/1, 2014, S. 342–425.
96 A.a.O., S. 410.
97 Ebd.
98 *Troeltsch*, Der Religionsunterricht und die Trennung von Staat und Kirchen (von 1919), in: Troeltsch (Hrsg.), Kritische Gesamtausgabe/Band 15. Schriften zur Politik und Kulturphilosophie (1918–1923), Bd. 15, 2002, S. 143.
99 *Troeltsch*, Die Trennung von Staat und Kirche, der staatliche Religionsunterricht und die theologischen Fakultäten (von 1907), in: Troeltsch (Hrsg.), Kritische Gesamtausgabe/Band 6. Schriften zur Religionswissenschaft und Ethik (1903–1912), Bd. 6/1, 2014, S. 408 f.
100 *Troeltsch*, Der Religionsunterricht und die Trennung von Staat und Kirchen (von 1919), in: Troeltsch (Hrsg.), Kritische Gesamtausgabe/Band 15. Schriften zur Politik und Kulturphilosophie (1918–1923), Bd. 15, 2002, S. 136.
101 A.a.O., S. 125.
102 A.a.O., S. 126.
103 Ebd. gibt Troeltsch selbst den Hinweis auf Rousseaus Konzept der Zivilreligion.
104 Vgl. zur Geschichte des Begriffs in der protestantischen Theologie *von Scheliha*, Religionspolitik, 2018, S. 7–29.
105 Vgl. *von Scheliha*, Protestantische Ethik des Politischen, 2013, S. 197 ff.
106 Vgl. *Troeltsch*, Die Trennung von Staat und Kirche, der staatliche Religionsunterricht und die theologischen Fakultäten (von 1907), in: Troeltsch (Hrsg.), Kritische Gesamtausgabe/Band 6. Schriften zur Religionswissenschaft und Ethik (1903–1912), Bd. 6/1, 2014, S. 379 f.
107 *Troeltsch*, Der Religionsunterricht und die Trennung von Staat und Kirchen (von 1919), in: Troeltsch (Hrsg.), Kritische Gesamtausgabe/Band 15. Schriften zur Politik und Kulturphilosophie (1918–1923), Bd. 15, 2002, S. 140.
108 Ebd., S. 142.
109 *Troeltsch*, Die Trennung von Staat und Kirche, der staatliche Religionsunterricht und die theologischen Fakultäten (von 1907), in:

Troeltsch (Hrsg.), Kritische Gesamtausgabe/Band 6. Schriften zur Religionswissenschaft und Ethik (1903–1912), Bd. 6/1, 2014, S. 413 f.
110 *Troeltsch*, Die Trennung von Staat und Kirche, der staatliche Religionsunterricht und die theologischen Fakultäten (von 1907), in: Troeltsch (Hrsg.), Kritische Gesamtausgabe/Band 6. Schriften zur Religionswissenschaft und Ethik (1903–1912), Bd. 6/1, 2014, S. 415.
111 Vgl. *Troeltsch*, Der Religionsunterricht und die Trennung von Staat und Kirchen (von 1919), in: Troeltsch (Hrsg.), Kritische Gesamtausgabe/Band 15. Schriften zur Politik und Kulturphilosophie (1918–1923), Bd. 15, 2002, S. 144–146.
112 A. a. O., S. 142.
113 *Troeltsch*, Die Trennung von Staat und Kirche, der staatliche Religionsunterricht und die theologischen Fakultäten (von 1907), in: Troeltsch (Hrsg.), Kritische Gesamtausgabe/Band 6. Schriften zur Religionswissenschaft und Ethik (1903–1912), Bd. 6/1, 2014, S. 399.
114 Vgl. A. a. O., S. 398–400.
115 A. a. O., S. 400.
116 Vgl. dazu *von Scheliha*, Toleranz als Botschaft des Christentums? in: Enders / Kahlo (Hrsg.), Toleranz als Ordnungsprinzip? Die moderne Bürgergesellschaft zwischen Offenheit und Selbstaufgabe, 2007, S. 110–114.
117 Vgl. *Troeltsch*, Der Religionsunterricht und die Trennung von Staat und Kirchen (von 1919), in: Troeltsch (Hrsg.), Kritische Gesamtausgabe/Band 15. Schriften zur Politik und Kulturphilosophie (1918–1923), Bd. 15, 2002, S. 142–146.
118 A. a. O., S. 145. Die jüngst von Kreß identifizierten „Inkohärenzen bei Troeltsch" (vgl. dazu *Kreß*, Religionsunterricht oder Ethikunterricht, 2022, S. 65 f.) werden hier als vertiefte Einsichten in den Spannungsreichtum des Verhältnisses von Staat und Religionen in der modernen Gesellschaft interpretiert. Der Wert der hochkomplexen Ausführungen Troeltschs liegt darin, dass er zu zeigen vermag, dass es einfache Lösungen nicht geben kann. Vielmehr sind unterschiedliche Modelle denk- und begründbar. Das von ihm am Ende favorisierte Kooperationsmodell wird nach einer Einschätzung der epochalen Bedeutung des Christentums für die Geschichte und Gegenwart Europas auch in Zeiten einer zunehmend pluralisierten Religionskultur eher gerecht als strikte Trennungsmodelle.
119 Zur Debatte siehe die Beiträge in Reimer (Hrsg.), Homeschooling, 2012.
120 Vgl. *Wißmann*, Das allgemeine Schulwesen. Projekt der Moderne – Programm der Freiheit? Zur rechtshistorischen Entwicklung unter

besonderer Berücksichtigung von Schulpflicht und Privatunterricht, in: Reimer (Hrsg.), Homeschooling, 2012, S. 37–53; vgl. auch *Wißmann*, Art. 7, Rn. III-81 ff. und III-93 ff., in: Kahl / Waldhoff / Walter (Hrsg.), BK GG.
121 Vgl. *Stein*, Das Recht des Kindes auf Selbstentfaltung in der Schule, 1967, S. 37 ff.; vgl. *Wißmann*, Art. 7, Rn. III-48 f., in: Kahl / Waldhoff / Walter (Hrsg.), BK GG.
122 BVerfGE 45, 400 (417) – Oberstufenreform (1977); BVerfGE 58, 257 (272) – Schulentlassung (1981); BVerfGE 96, 288 (303 f.) – Integrative Beschulung (1997).
123 Vgl. BVerfG, Beschl. v. 29.04.2003, 1 BvR 436/03; BVerfG, Beschl. v. 31.5.2006, 2 BvR 1693/04; BVerfG Beschl. v. 21.07.2009, 1 BvR 1358/09.
124 Zur Emanzipation des Lehrerberufs im 19. Jahrhundert ein Überblick bei *Kemnitz*, Forschung zur Geschichte und Entwicklung des Lehrerberufs vom 18. Jahrhundert bis zur Gegenwart, in: Terhart / Bennewitz / Rothland (Hrsg.), Handbuch der Forschung zum Lehrerberuf, 2. Aufl. 2014, S. 56–60; vgl. *Fischer*, Der Volksschullehrer, in: SozW, 12. Bd. (1961), Heft 1, S. 37–47, insbes. S. 43 ff.
125 Siehe zur allmählichen Differenzierung zwischen Staat und Kirche vor allem im „langen" 19. Jahrhundert im Überblick *Link*, Kirchliche Rechtsgeschichte, 3. Aufl. 2017, S. 150–188.
126 Zur Koordinationslehre und der damit verbundenen Deutung des Verhältnisses von Staat und Kirche siehe *Link*, Kirchliche Rechtsgeschichte, 3. Aufl. 2017, S. 251 ff.
127 Vgl. zur Orientierung den Band von Grau / Raabe (Hrsg.), Religion. Facetten eines umstrittenen Begriffs, 2014.
128 Vgl. *von Scheliff,* Religion als Kultur oder kultivierte Religion. Der Religionsbegriff und seine Grenzen mit Blick auf Judentum, Islam und Christentum, in: Grau / Raabe (Hrsg.), Religion. Facetten eines umstrittenen Begriffs, 2014, S. 44–64.
129 *Domsgen*, Religionspädagogik, 2019, S. 253.
130 Vgl. *Dressler,* Religionsunterricht. Bildungstheoretische Grundlegungen, 2018, S. 137 ff.
131 Vgl. *Kubik*, Die implizierte Religionspädagogik von Schleiermachers Reden „Über die Religion", in: von Scheliha / Dierken (Hrsg.), Der Mensch und seine Seele. Bildung – Frömmigkeit – Ästhetik, 2017, S. 71–91.
132 Vgl. dazu *Adam / Lachmann*, Begründungen des schulischen Religionsunterrichts, in: Rothgangel / Adam / Lachmann (Hrsg.), Religionspädagogisches Kompendium, 8. Aufl. 2013, S. 148 f.

133 Die Religion „begehrt nicht aus Kraft der Freiheit und der göttlichen Willkür des Menschen es fortzubilden und fertig zu machen wie die Moral. Ihr Wesen ist weder Denken noch Handeln, sondern Anschauen und Gefühl. […] Die Moral geht vom Bewußtsein der Freiheit aus, deren Reich will sie ins Unendliche erweitern und ihr alles unterwürfig machen; die Religion athmet da, wo die Freiheit selbst schon wieder Natur geworden ist" (*Schleiermacher*, Über die Religion. Reden an die Gebildeten unter ihren Verächtern, 1799, S. 50f.).
134 Vgl. z. B. *Dressler*, Religionsunterricht. Bildungstheoretische Grundlegungen, 2018, S. 157–164; vgl. auch *Kubik*, Die implizierte Religionspädagogik von Schleiermachers Reden „Über die Religion", in: *von Scheliha / Dierken* (Hrsg.), Der Mensch und seine Seele. Bildung – Frömmigkeit – Ästhetik, 2017, S. 87.
135 *Schweitzer*, Religiöse Bildung als Aufgabe der Schule, in: Rothgangel / Adam / Lachmann (Hrsg.), Religionspädagogisches Kompendium, 8. Aufl. 2013, S. 96.
136 *Kubik*, Die implizierte Religionspädagogik von Schleiermachers Reden „Über die Religion", in: von Scheliha / Dierken (Hrsg.), Der Mensch und seine Seele. Bildung – Frömmigkeit – Ästhetik, 2017, S. 84.
137 Insofern greift das gegen den Hamburger „Religionsunterricht für alle" vorgebrachte Argument, in ihm würden konkurrierende Wahrheitsansprüche der Religionen zugunsten einer staatlichen Zivilreligion entschärft, zu kurz (vgl. dazu *Kemnitzer / Roser*, Zivilreligionsunterricht – letzte Ausfahrt für einen Religionsunterricht der Zukunft? in: Kemnitzer / Roser (Hrsg.), „All together now!?". Ein Schreibgespräch zum Religionsunterricht in Hamburg (RUfa 2.0), EZW-Texte, 2021, S. 43–66). Die staatsethische Einfriedung der religiösen Pluralität betrifft, wie die zitierte Gesetzesbestimmung zeigt, den klassischen konfessionellen Religionsunterricht in gleicher Weise.
138 *Evangelische Kirche in Deutschland*, Religiöse Orientierung gewinnen. Evangelischer Religionsunterricht als Beitrag zu einer pluralismusfähigen Schule. Eine Denkschrift des Rates der EKD, 2014, S. 55.
139 Vgl. a. a. O., S. 49.
140 Vgl. a. a. O., S. 57–64.
141 A. a. O., S. 55.

142 Sekretariat der Deutschen Bischofskonferenz (Hrsg.), Der Religionsunterricht vor neuen Herausforderungen, 6. Aufl. 2017, S. 33 (Die deutschen Bischöfe; 80).
143 A. a. O., S. 32.
144 Vgl. *Rothgangel*, Religiöse Kompetenzen und Bildungsstandards Religion, in: Rothgangel / Adam / Lachmann (Hrsg.), Religionspädagogisches Kompendium, 8. Aufl. 2013, S. 324–337, dabei insbes. die zugespitzten Schlüsselzitate auf S. 330 f. und 336 f.
145 Vgl. *Schweitzer*, Religiöse Bildung als Aufgabe der Schule, in: Rothgangel / Adam / Lachmann (Hrsg.), Religionspädagogisches Kompendium, 8. Aufl. 2013, S. 93–97.
146 Vgl. *Lachmann*, Geschichte der Religionspädagogik bis Anfang des 20. Jahrhunderts – didaktische Schlaglichter, in: Rothgangel / Adam / Lachmann (Hrsg.), Religionspädagogisches Kompendium, 8. Aufl. 2013, S. 52–72. Neuerdings hat Michael Domsgen diese Subjektorientierung der Religionspädagogik unter dem Stichwort „Empowerment" in den Mittelpunkt gerückt (vgl. dazu *Domsgen*, Religionspädagogik, 2019 [Lehrwerk Evangelische Theologie; 8]).
147 Für die christlichen Religionspädagogiken summarisch vgl. *Adam / Lachmann*, Begründungen des schulischen Religionsunterrichts, in: Rothgangel / Adam / Lachmann (Hrsg.), Religionspädagogisches Kompendium, 8. Aufl. 2013, S. 144 f.
148 So im Kern die Argumentation bei *Schweitzer*, Religiöse Bildung als Aufgabe der Schule, in: Rothgangel / Adam / Lachmann (Hrsg.), Religionspädagogisches Kompendium, 8. Aufl. 2013, S. 92–105.
149 Den kontextuellen Charakter der christlichen Religionspädagogik hebt Michael Domsgen in seiner historischen Darstellung hervor, vgl. *Domsgen*, Religionspädagogik, 2019, S. 25–146. Er macht zugleich und mit Recht darauf aufmerksam, dass die Religionspädagogik nicht ausschließlich auf den schulischen Religionsunterricht bezogen war und ist.
150 Vgl. *Evangelische Kirche in Deutschland,* Religiöse Orientierung gewinnen. Evangelischer Religionsunterricht als Beitrag zu einer pluralismusfähigen Schule. Eine Denkschrift des Rates der EKD, 2014, S. 36 f.
151 A. a. O., S. 38.
152 A. a. O., S. 37.
153 *Evangelische Kirche in Deutschland,* Gute Schule aus evangelischer Sicht. Impulse für das Leben, Lehren und Lernen in der Schule, 2016, S. 24.

154 *Evangelische Kirche in Deutschland,* Religiöse Bildung angesichts von Konfessionslosigkeit. Aufgaben und Chancen, 2020, S. 126.
155 *Dressler,* Religionsunterricht. Bildungstheoretische Grundlegungen, 2018, S. 50.
156 Ebd.
157 Ebd.
158 Vgl. a.a.O., S. 55.
159 Vgl. a.a.O., S. 60–62.
160 Vgl. a.a.O., S. 74.
161 *Dressler,* Religionsunterricht. Bildungstheoretische Grundlegungen, 2018, S. 148.
162 Vgl. *Dressler,* Religionsunterricht. Bildungstheoretische Grundlegungen, 2018, S. 213–227.
163 A.a.O., S. 256.
164 Vgl. a.a.O., S. 258f.
165 Vgl. a.a.O., S. 261.
166 Vgl. A.a.O., S. 287.
167 Vgl. a.a.O., S. 284–300.
168 A.a.O., S. 325.
169 A.a.O., S. 321.
170 A.a.O., S. 326.
171 Ebd.
172 *Schröder,* Religionspädagogik, 2. Aufl. 2021, S. 160.
173 A.a.O., S. 171.
174 A.a.O., S. 174.
175 A.a.O., S. 175f.
176 A.a.O., S. 355f.
177 A.a.O., S. 356.
178 Vgl. *Dressler,* Religionsunterricht. Bildungstheoretische Grundlegungen, 2018, S. 204f.; vgl. *Sajak,* Ein Kommentar zum RUfa 2.0 aus katholischer Perspektive, in: Kemnitzer / Roser (Hrsg.), „All together now!?". Ein Schreibgespräch zum Religionsunterricht in Hamburg (Rufa 2.0), EZW-Texte, 2021, S. 122.
179 Die Tendenz zur Betonung gerade der überstofflichen und außerunterrichtlichen Aktivitäten der Religionslehrkräfte bei der Gestaltung des Schullebens wird in einem von führenden evangelischen Religionspädagogen unterzeichneten Manifest zur aktuellen Lage deutlich: „Gerade jetzt! 10 Thesen, warum der Religionsunterricht in der Corona-Zeit unverzichtbar ist." (Siehe *Käbisch / Koerrenz / Kumlehn / Schlag / Schweitzer / Simojoki,* Gerade jetzt! – 10 Thesen,

179 warum der Religionsunterricht in der Corona-Zeit unverzichtbar ist, in: ZPT, 72. Bd. (2020), Heft 4, S. 395–399).
180 Vgl. Sekretariat der Deutschen Bischofskonferenz (Hrsg.), Die bildende Kraft des Religionsunterrichtes, 5. Aufl. 2009, insbesondere S. 37–42 (Die deutschen Bischöfe; 56).
181 Vgl. z.B. *Richter*, § 20 Schulische Bildung, in: Anke/de Wall/Heinig (Hrsg.), Handbuch des evangelischen Kirchenrechts, 2016, S. 726–747. Richter geht zur Begründung des konfessionellen Religionsunterrichts in der Schule vom kirchlichen Bildungsauftrag aus, der wiederum „in ihrem Verkündigungsauftrag" (S. 726) begründet ist. Richter verweist auf „die überragende Rolle, die der Bildungsbereich bei den kirchlichen Handlungsfeldern heute spielt" (S. 727), die möglicherweise die Einbußen in der parochialen Verkündigung kompensieren soll.
182 Sekretariat der Deutschen Bischofskonferenz (Hrsg.), Die bildende Kraft des Religionsunterrichtes, 5. Aufl. 2009, S. 30 (Die deutschen Bischöfe; 56).
183 Vgl. *Roessler*, Grundriss der Praktischen Theologie, 1986, S. 463.
184 *Grethlein*, Praktische Theologie, 2. Aufl. 2016, S. 364.
185 Ebd., S. 385.
186 *Schröder*, Religionspädagogik, 2. Aufl. 2021, S. 160.
187 Vgl. *Schröder*, Was heißt Konfessionalität des Religionsunterrichts heute? in: Schröder (Hrsg.), Religionsunterricht – wohin? Modelle seiner Organisation und didaktischen Struktur, 2014, S. 164f.
188 *Evangelische Kirche in Deutschland*, Religiöse Orientierung gewinnen. Evangelischer Religionsunterricht als Beitrag zu einer pluralismusfähigen Schule. Eine Denkschrift des Rates der EKD, 2014, S. 34.
189 Ebd., S. 34.
190 Ebd., S. 36.
191 Ebd., S. 37.
192 Ebd., S. 37.
193 Alle Zitate stammen hier aus *Evangelische Kirche in Deutschland*, Religiöse Bildung in der migrationssensiblen Schule. Herausforderungen und Ermutigungen der Kammer der EKD für Bildung und Erziehung, Kinder und Jugend, 2018, S. 7. So auch der Text *Evangelische Kirche in Deutschland*, Gute Schule aus evangelischer Sicht. Impulse für das Leben, Lehren und Lernen in der Schule, 2016. In diesem bildet das evangelische Verständnis von Bildung (Subjektorientierung, Gerechtigkeit, Anerkennung der Person, lebenslange Bildung) die Basis (vgl. a.a.O., S. 6–11).

194 Vgl. *Evangelische Kirche in Deutschland*, Religiöse Bildung in der migrationssensiblen Schule, in: EKD-Texte 131, 2018, S. 19 f.
195 Ebd., S. 14.
196 Sekretariat der Deutschen Bischofskonferenz (Hrsg.), Die bildende Kraft des Religionsunterrichtes, 5. Aufl. 2009, S. 33 (Die deutschen Bischöfe; 56).
197 Vgl. a. a. O., S. 42.
198 Sekretariat der Deutschen Bischofskonferenz (Hrsg.), Der Religionsunterricht vor neuen Herausforderungen, 6. Aufl. 2017, S. 38 (Die deutschen Bischöfe; 80); vgl. auch schon Sekretariat der Deutschen Bischofskonferenz (Hrsg.), Die bildende Kraft des Religionsunterrichtes, 5. Aufl. 2009, S. 51 (Die deutschen Bischöfe; 56).
199 A. a. O., S. 31.
200 A. a. O., S. 33.
201 A. a. O., S. 32.
202 *Katholische Kirche, Deutsche Bischofskonferenz*, Der Religionsunterricht vor neuen Herausforderungen, in: Die deutschen Bischöfe, Nr. 80, 6. Aufl. 2017, S. 7.
203 Ebd., S. 8.
204 Ebd.
205 Ebd., S. 8 f.
206 Vgl. *Kiroudi*, Orthodoxer Religionsunterricht in Deutschland, 2021, S. 42 f.
207 *Kiroudi*, Orthodoxer Religionsunterricht in Deutschland, S. 43.
208 *Orthodoxe Bischofskonferenz in Deutschland*, Hirtenwort der Orthodoxen Bischofskonferenz in Deutschland zum Religionsunterricht, S. 1 f., Im Internet: http://www.obkd.de/Texte/OBKD%20 Hirtenbrief%20zum%20ORU.pdf (zuletzt abgerufen am 27.02. 2024).
209 *Wettberg / Ederberg*, Soll es Religionsunterricht an staatlichen Schulen geben? in: Jüdische Allgemeine, 23.20.2008, Im Internet: https:// www.juedische-allgemeine.de/allgemein/soll-es-religionsunterricht-an-staatlichen-schulen-geben/ (zuletzt abgerufen am 27.02. 2024).
210 *Klapheck*, Vorweg. Deutschland braucht jüdischen Religionsunterricht, in: Klapheck / Landthaler / Rappoport (Hrsg.), Deutschland braucht jüdischen Religionsunterricht, S. 7–11, insbes. S. 7.
211 *Landthaler*, Jüdischer Religionsunterricht und säkulare Gesellschaft, in: Klapheck / Landthaler / Rappoport (Hrsg.), Deutschland braucht jüdischen Religionsunterricht, S. 13–45, insbes. S. 17.

212 „Die Schule ist genau der Ort, an dem die Realität als Minorität und damit die Pluralität der Gesellschaft insgesamt zum Ausdruck kommt. Die Wertneutralität der Schule gegenüber Weltanschauungen und Religionen erfordert ja geradezu auch schulische Resonanzräume für die realen Wertvorstellungen, Haltungen und Überzeugungen der einzelnen Bürgerinnen und Bürger (Schülerinnen und Schüler), die von der Schule eben nicht mehr priorisiert oder majorisiert werden können. Insofern gibt es auch für die jüdischen Gemeinden einen notwendigen Gang in die Schulen, wenn sie im öffentlichen Resonanzraum der Wertvorstellungen, Weltanschauungen und traditionellen Überlieferungen ihrer Stimme ebenfalls eine Resonanz verschaffen wollen." (*Landthaler*, S. 39).

213 *Krochmalnik*, Nationale Bildungsstandards für den jüdischen Religionsunterricht in der Primarstufe und in den beiden Sekundarstufen, Im Internet: https://www.hfjs.eu/imperia/md/content/hfjs/nbs_jued_ru.pdf (zuletzt abgerufen am 27.02.2024).

214 Vgl. dazu z. B. *Saglam*, Einführung in den islamischen Religionsunterricht und aktuelle Herausforderungen, in: Kubik / Klinger / Saglam (Hrsg.), Neuvermessung des Religionsunterrichts nach Art. 7 Abs. 3 GG, 2022, S. 273–290.

215 Vgl. *Khorchide*, Die islamische Theologie an Universitäten und der islamische Religionsunterricht an öffentlichen Schulen. Konzepte und deren Implikation für gesellschaftliche Fragen, in: Nacke / Optendrenk / Söding (Hrsg.), Die Gottesfrage in der Universität, 2021, S. 141–148.

216 Vgl. *Badawia / Topalovic*, Kontextbezogen – Vernunftbasiert – Lebensweltorientiert. Bildungstheologische und didaktische Bestimmungen des Islamischen Religionsunterrichts, in: Kubik / Klinger / Saglam (Hrsg.), Neuvermessung des Religionsunterrichts nach Art. 7 Abs. 3 GG, 2022, S. 291–313.

217 Vgl. *Ucar* (Hrsg.), Islamischer Religionsunterricht in Deutschland, 2010.

218 Vgl. *Saglam*, Einführung in den islamischen Religionsunterricht und aktuelle Herausforderungen, in: Kubik / Klinger / Saglam (Hrsg.), Neuvermessung des Religionsunterrichts nach Art. 7 Abs. 3 GG, 2022, S. 286 f.; vgl. *Khorchide*, Die islamische Theologie an Universitäten und der islamische Religionsunterricht an öffentlichen Schulen. Konzepte und deren Implikation für gesellschaftliche Fragen, in: Nacke / Optendrenk / Söding (Hrsg.), Die Gottesfrage in der Universität, 2021, S. 143–148.

219 *Kreß*, Staat und Person. Politische Ethik im Umbruch des modernen Staates, 2018, S. 121.
220 *Kreß*, Konfessioneller Religionsunterricht oder pluralismusadäquater Ethikunterricht? in: ZRP, 52. Bd. (2019), Heft 1, S. 22, 24.
221 *Kreß*, Staat und Person. Politische Ethik im Umbruch des modernen Staates, 2018, S. 121.
222 Vgl. *Kreß*, Religionsunterricht oder Ethikunterricht? Entstehung des Religionsunterrichts – Rechtsentwicklung und heutige Rechtslage – politischer Entscheidungsbedarf, 2022.
223 Vgl. Ebd., S. 30–42, 51–59, 94–127.
224 Vgl. Ebd., S. 213–215.
225 Ebd., S. 215.
226 Es handelt sich um Teile der AfD, von FDP, Bündnis 90/Die Grünen und Die Linke. Vgl. *von Scheliha*, Zwischen Leitkultur und Laizismus. Zur religionspolitischen Willensbildung der Parteien in Deutschland, in: Gerster / van Melis / Willems (Hrsg.), Religionspolitik heute. Problemfelder und Perspektiven in Deutschland, 2018, S. 116–138.
227 Zu diesem Zusammenhang zwischen Schulform, Schulpflicht und Religion etwa BVerfG, Beschl. v. 29.04.2003; vgl. auch *Wißmann*, Art. 7, Rn. I-39 f., Rn. I-64 f., Rn. III-81 f., Rn. III-94 f. und Rn. III-122 f., in: Kahl / Waldhoff / Walter (Hrsg.), BK GG.
228 Es ist nun gut zugänglich in: Dialog und Transformation. Auf dem Weg zu einer pluralistischen Religionspädagogik. Ein Diskussionspapier, in: Fermor / Knauth / Möller / Obermann (Hrsg.), Dialog und Transformation. Pluralistische Religionspädagogik im Diskurs, Münster 2022, S. 23–88. Der gut 500seitige Band dokumentiert umfassend die kritische Diskussion dieses Ansatzes.
229 *Schmidt-Leukel*, Wahrheit in Vielfalt. Vom religiösen Pluralismus zur interreligiösen Theologie, 2019, S. 26.
230 Ebd., S. 27.
231 Ebd., S. 353. Die Übertragung auf intrapsychische Phänomene findet sich dort auf S. 354 f.
232 Vgl. Ebd., S. 34 f.
233 Ebd., S. 28.
234 Vgl. Bernhard / von Stosch (Hrsg.), Komparative Theologie. Interreligiöse Vergleiche als Weg der Religionstheologie, 2009; vgl. neuerdings Clooney / von Stosch (Hrsg.), How to do Comparative Theology, 2018.
235 Man geht von einem ‚neuen Wir' (vgl. S. 25) in einer „Gemeinschaft von Fragenden" (S. 27) aus, so dass es „keine voreilige Zuordnung

der Schüler*innen […] zu einer bestimmten Religionsgemeinschaft mehr geben muss. Vielmehr entstehen transreligiöse Zuordnungen und Gruppenbildungen" (S. 66). Alle Zitate aus: Dialog und Transformation. Auf dem Weg zu einer pluralistischen Religionspädagogik. Ein Diskussionspapier, in: Fermor / Knauth / Möller / Obermann (Hrsg.), Dialog und Transformation. Pluralistische Religionspädagogik im Diskurs, Münster 2022, S. 23–88. Dass damit – jedenfalls in der Perspektive der religiösen Minderheiten – eine Unterbestimmung verbunden ist, wird an der Debatte um den Jüdischen Religionsunterricht deutlich. Ausdrücklich wird das Ziel der jüdischen Identitätsbildung betont, die in Deutschland stets in Differenz zur Mehrheitsgesellschaft und anderen Religionen aufzubauen ist. Dialog und Kooperation im Religionsunterricht können daher immer nur den zweiten Schritt bilden. „Aus meiner Sicht muss also die Stärkung des jüdischen Wissens und der Kompetenz meiner Schülerinnen und Schüler immer die Voraussetzung sein, um über einen interreligiösen Dialog nachzudenken. Wenn man von Anfang an ohne entsprechende Grundlagen einen interreligiösen Religionsunterricht initiieren würde, wäre dies zum Scheitern verurteilt", führt eine jüdische Religionslehrerin aus (*Rappoport / Klapheck*, Respekt vor dem Anderssein. Über kompetenzorientierten jüdischen Religionsunterricht, in: Klapheck / Landthaler / Rappoport (Hrsg.), Deutschland braucht jüdischen Religionsunterricht, S. 47–70, insbes. S. 69). Eine ähnliche Vorordnung der Identitätsbildung vor Dialog und konfessionsübergreifender Kooperation findet sich auch in den Lehrplänen für die Varianten der christlich-orthodoxen Religionsunterrichtsformen (vgl. *Kiroudi*, Orthodoxer Religionsunterricht in Deutschland. Geschichte. Rahmenbedingungen. Perspektiven, Paderborn 2021, S. 163–165).
236 „Von religiösen Funktionären bestimmte und als allgemein gültig erklärte Bekenntnisse, Rituale oder Praktiken, die auf der institutionalisierten Ebene der Religionsgemeinschaften von großer […] Bedeutung waren, spielten für den einzelnen Gläubigen […] nur eine untergeordnete Rolle." (Dialog und Transformation. Auf dem Weg zu einer pluralistischen Religionspädagogik. Ein Diskussionspapier, in: Fermor / Knauth / Möller / Obermann (Hrsg.), Dialog und Transformation. Pluralistische Religionspädagogik im Diskurs, Münster 2022, S. 23–88, insbes. S. 59).
237 Siehe dazu *Evangelische Kirche in Deutschland*, Christlicher Glaube und religiöse Vielfalt in evangelischer Perspektive. Ein Grundlagentext des Rates der EKD, 2015, S. 18 ff.

238 Siehe zur Orthodoxen Bischofskonferenz dezidiert *Orthodoxe Bischofskonferenz in Deutschland*, Generalsekretariat der OBKD, Im Internet: http://www.obkd.de/ (zuletzt abgerufen am 27.02.2024); vgl. auch grundlegend *Anapliotis*, Die Organisation der orthodoxen Kirchen in Deutschland, in: Pirson / Rüfner / Germann / Muckel (Hrsg.), HStKR, Bd. 1, 3. Aufl. 2020, S. 897f.
239 BVerwG, Urt. v. 23.02.2005, 6 C 2.04 (BVerwGE 123, 49) sowie BVerwG, Beschl. v. 20.12.2018, 6 B 94.18.
240 Vgl. zu Zusammenschlüssen der evangelischen Landeskirchen *Anke / Guntau*, Die Organisation der evangelischen Kirche in Deutschland, in: Pirson / Rüfner / Germann / Muckel (Hrsg.), HStKR, Bd. 1, 3. Aufl. 2020, S. 860–882; vgl. zu Verbindungsstellen der evangelischen Kirchen *Gaertner / Hatzinger*, Verbindungsstellen zwischen Staat und evangelischen Kirchen, in: Pirson / Rüfner / Germann / Muckel (Hrsg.), HStKR, Bd. 2, 3. Aufl. 2020, S. 1469–1488; vgl. zu Verbindungsstellen der katholischen Kirche *Jüsten*, Verbindungsstellen zwischen Staat und katholischer Kirche, in: Pirson / Rüfner / Germann / Muckel (Hrsg.), HStKR, Bd. 2, 3. Aufl. 2020, S. 1489–1514.
241 Vgl. dazu *Liberal-Islamischer Bund e. V.*, Pressemitteilung zum Zustand des Islamischen Religionsunterrichts in Nordrhein-Westfalen, Im Internet: https://lib-ev.de/pressemitteilung-zum-zustand-des-islamischen-religionsunterrichts-in-nordrhein-westfalen/ (zuletzt abgerufen am 27.02.2024).
242 In der klassischen deutschen Ressortzuteilung waren die Kultusministerien nicht nur für das Schulwesen und die Hochschulen, sondern auch für die Oberaufsicht über die Kultusgemeinschaften zuständig und damit gleichrangig mit den Ministerien Innen, Außen, Justiz, Krieg und Finanzen. Vgl. zur Idee des Kultusministeriums eingehend *Rathgeber*, Strukturelle Vorgeschichte und Gründung des Kultusministeriums, in: Neugebauer (Hrsg.), Acta Borussica, Neue Folge, 2. Reihe. Preussen als Kulturstaat, Abteilung I, Bd. 1.1, 2009, S. 4–20.
243 Vgl. zum Modellfall Hamburg S. 27f.
244 Vgl. *Schröder*, Welche Formen von Religionsunterricht existieren neben dem konfessionellen Religionsunterricht – offiziell und im Graubereich? in: Kubik / Klinger / Saglam (Hrsg.), Neuvermessung des Religionsunterrichtes nach Art. 7 Abs. 3 GG, S. 161–177.
245 Vgl. zu dieser Denkfigur *Luhmann*, Funktionen und Folgen formaler Organisationen, in: Schriftreihe der Hochschule Speyer, Bd. 20 (1964), 5. Aufl. 1999, S. 304ff.

246 Vgl. dazu *von Campenhausen / de Wall*, Religionsverfassungsrecht, 5. Aufl. 2022, S. 171 ff.
247 Dazu näher die Nachweise bei *Wißmann*, Religionsunterricht für alle? 2019, S. 101 ff.
248 Siehe näher S. 23 ff.
249 Zum Normenbestand S. 15 ff., 35 ff.
250 Für einen Überblick über den Religionsunterricht in den USA, Frankreich und Großbritannien vgl. *Wißmann*, Art. 7, Rn. 1-36 ff., in: Kahl / Waldhoff / Walter (Hrsg.), BK GG; für einen Überblick über andere europäische Staaten (z. B. die Türkei, Skandinavien, Spanien oder Österreich) vgl. die verschiedenen Beiträge in Kuyk / Jensen / Lankshear / Manna / Schreiner (Hrsg.), Religious Education in Europe. Situation and current trends in schools, 2007, S. 17–236.
251 Diese Doppelung von Verantwortung ist der eigentliche Grund für die Verbeamtung von Lehrkräften: Sie sind nicht nur praktisch, sondern auch schon theoretisch unverzichtbar in der Realisierung eines gesetzlich vorgeschriebenen staatlichen Handlungsauftrags; die recht oberflächliche Diskussion um das Verfassungsgebot der Verbeamtung als Privileg und vice versa dem Streikverbot als Folge solcher Privilegierung bewältigt diese Strukturfragen nicht.
252 Das klassische Problem der Experimentiergesetzgebung ist, dass die tatsächliche Begleitung der entsprechenden Versuche als Grundlage der Evaluation durch den Gesetzgeber nicht die notwendige Aufmerksamkeit hat.
253 „Während es selbstverständlich ist, dass Gemeindemitglieder eine religiöse Unterweisung ihrer Kinder in ihrer eigenen Denomination erhalten wollen, wenn es auf die Bar- oder Bat-Mizwa zugeht, so ist gerade diese denominationelle Differenzierung in der Schule nicht mehr möglich. Ein Religionslehrer kann den Religionsunterricht nicht ausschließlich orthodox, liberal oder konservativ verstehen. Denn an der Schule wird mindestens aus praktischen Erwägungen heraus nur ein jüdischer Religionsunterricht angeboten, so dass dieser so gestaltet sein muss, dass er grundsätzlich allen jüdischen Schülerinnen und Schülern, gleich welcher Denomination sie angehören oder welche familiären Voraussetzungen sie mitbringen, offenstehen soll." (*Landthaler*, Katechese und Schule, in: Klapheck / Landthaler / Rappoport (Hrsg.), Deutschland braucht jüdischen Religionsunterricht, Leipzig 2019, S. 13–45, insbes. S. 19 f.).
254 Vgl. z. B. *Platow*, Religionspädagogik, Stuttgart 2020, S. 116–123.
255 Vgl. dazu z. B. den Artikel von *Böhme*, Interreligiöses Begegnungslernen, in: Zimmermann / Lindner (Hrsg.), WiReLex – Das wissen-

schaftlich-religionspädagogische Lexikon, 5. Jg. (2016), 2019 erstellt, Im Internet: https://www.bibelwissenschaft.de/ressourcen/wirelex/7-inhalte-iv-didaktik-der-religionen/interreligioeses-begegnungslernen (zuletzt abgerufen am 27.02.2024); vgl. ebenso *Langenhorst*, Trialogische Religionspädagogik. Interreligiöses Lernen zwischen Judentum, Christentum und Islam, 2016.
256 Vgl. dazu z. B. *Schambeck*, Plädoyer für einen positionell-religionspluralen Religionsunterricht im Klassenverband, in: RpB, Nr. 80 (2019), S. 33–44; vgl. ebenso Eisenhardt / Kürzinger / Naurath / Pohl-Patalong (Hrsg.), Religion unterrichten in Vielfalt. Konfessionell – religiös – weltanschaulich, Ein Handbuch, 2019.
257 Siehe oben S. 19 ff.
258 Vgl. *Oebbecke*, Art. 7 Abs. 3 GG und die Weiterentwicklung des Religionsunterrichts, in: Kubik / Klinger / Saglam (Hrsg.), Neuvermessung des Religionsunterrichtes nach Art. 7 Abs. 3, 2022, S. 69–84.
259 Vgl. dazu die instruktiven Beiträge in dem Band von Schröder / Emmelmann (Hrsg.), Religions- und Ethikunterricht zwischen Konkurrenz und Kooperation, 2018.
260 Siehe oben S. 27 f.
261 Vgl. *Die Schulreferentinnen und Schulreferenten der evangelischen Kirchen und katholischen Bistümer in Niedersachsen*, Gemeinsam verantworteter Christlicher Religionsunterricht. Ein Positionspapier, 2021, Im Internet: https://cdn.max-e5.info/damfiles/default/religionsunterricht_in_niedersachsen/Downloads/2021/Positionspapier-CRU.pdf-305bd68e2be2c4b5d7f23a7602ea84f7.pdf (zuletzt abgerufen am 27.02.2024).
262 Dieser Eindruck einer ökumenischen Übereinstimmung verdichtet sich auch mit Blick auf die aktuelle religionspädagogische Literatur in beiden Theologien, die eine grundsätzlich unterschiedliche Ausrichtung des schulischen Religionsunterrichts nicht erkennen lässt, wobei allerdings die Frage der ernsthaften theologischen Positionierung angesichts der fehlenden Abendmahlsgemeinschaft und dem völlig unterschiedlichen Amtsverständnis regelmäßig nicht beantwortet, sondern offengelassen wird.
263 Vgl. *Schröder / Woppowa* (Hrsg.), Theologie für den konfessionell-kooperativen Religionsunterricht. Ein Handbuch, Tübingen 2021, S. 339–342.
264 *Heimbrock*, Religionsunterricht im Kontext Europa. Einführung in die kontextuelle Religionsdidaktik in Deutschland, Stuttgart 2004, S. 71.

265 Vgl. *Wissenschaftsrat (WR)*, Empfehlungen zur Weiterentwicklung von Theologien und religionsbezogenen Wissenschaften an deutschen Hochschulen, Drucks. 9678–10 vom 29.01.2010, Im Internet: https://www.wissenschaftsrat.de/download/archiv/9678-10.pdf?__blob=publicationFile&v=2 (zuletzt abgerufen am 27.02.2024).
266 Vgl. z. B. *Erlbaum*, Einer für alle – alle für einen? Gedanken zum „Religionsunterricht für alle" aus jüdischer Sicht, in: Kemnitzer/Roser (Hrsg.), „All together now!?". Ein Schreibgespräch zum Religionsunterricht in Hamburg (RUfa 2.0), EZW-Texte 271, 2021, S. 139, 148.
267 Über die Missio canonica (römisch-katholisch), die Vocatio (evangelisch) bzw. Idschaza (islamisch) sind die Lehrkräfte an die Vorgaben der Religionsgemeinschaften gebunden. Die Kriterien zur Erteilung dieser Lehrbefugnis ist im Bereich der römisch-katholischen Kirche und des Islams an eine Reihe von Kriterien gebunden, die auch die persönliche Lebensführung der Lehrkräfte betreffen. Bei einer Abweichung kann die Lehrbefugnis von der Religionsgemeinschaft entzogen werden. Umgekehrt können die Lehrkräfte diese Lehrbefugnis zurückgeben, wenn sie mit den Grundsätzen der Religionsgemeinschaft nicht (mehr) einverstanden sind. Der Religionsunterricht wird von den Lehrkräften freiwillig erteilt – insofern ist seine Akzeptanz an den Lehrkörper gebunden.

Literaturverzeichnis

Abdel-Rahmann, Annett, Zum Stand und zu Entwicklungsmöglichkeiten des islamischen Religionsunterrichts in Deutschland, in: Kubik, Andreas / Klinger, Susanne / Saglam, Coskun (Hrsg.), Neuvermessung des Religionsunterrichtes nach Art. 7 Abs. 3 GG, Osnabrück 2022.

Adam, Gottfried / Lachmann, Rainer, Begründungen des schulischen Religionsunterrichts, in: Rothgangel, Martin / ders. / ders. (Hrsg.), Religionspädagogisches Kompendium, Göttingen 2013.

Anapliotis, Anargyros, Die Organisation der orthodoxen Kirchen in Deutschland, in: Dietrich, Pirson / Rüfner, Wolfgang / Germann, Michael / Muckel, Stefan (Hrsg.), HStKR I, Berlin 2020.

Anke, Hans U. / Guntau, Burkhard, Die Organisation der evangelischen Kirche in Deutschland, in: Dietrich, Pirson / Rüfner, Wolfgang / Germann, Michael / Muckel, Stefan (Hrsg.), HStKR I, Berlin 2020.

Anschütz, Gerhard, Die Verfassungs-Urkunde für den Preußischen Staat vom 31. Januar 1850, Berlin 1912.

ders., Die Verfassung des Deutschen Reichs vom 11. August 1919, 14. Aufl., Berlin 1933.

ders., Die Religionsfreiheit, in: ders. / Thoma, Richard (Hrsg.), Handbuch des Deutschen Staatsrechts II, Tübingen 1932.

Badawia, Tarek / Topalovic, Said, Kontextbezogen – Vernunftbasiert – Lebensweltorientiert, Bildungstheologische und didaktische Bestimmungen des Islamischen Religionsunterrichts, in: Kubik, Andreas / Klinger, Susanne / Saglam, Coskun (Hrsg.), Neuvermessung des Religionsunterrichtes nach Art. 7 Abs. 3 GG, Osnabrück 2022.

Badura, Peter, Das Staatskirchenrecht als Gegenstand des Verfassungsrechts: Die verfassungsrechtlichen Grundlagen des Staatskirchenrechts, in: Dietrich, Pirson / Rüfner, Wolfgang / Germann, Michael / Muckel, Stefan (Hrsg.), HStKR I, Berlin 2020.

Bauer, Jochen, Die Weiterentwicklung des Hamburger Religionsunterrichts in der Diskussion zwischen Verfassungsrecht und Schulpädagogik, in: ZevKR, 2014, S. 227–256.

ders., Religionsunterricht für alle, Stuttgart 2019.

ders., Religion unterrichten in Hamburg, in: Rothgangel, Martin / Schröder, Bernd (Hrsg.), Religionsunterricht in den Ländern der Bundesrepublik Deutschland, Leipzig 2020.

ders., Weltanschauungsunterricht. Anmerkungen zu einem inzwischen 100jährigen Problem, in: Kubik, Andreas / Klinger, Susanne / Saglam, Coskun (Hrsg.), Neuvermessung des Religionsunterrichtes nach Art. 7 Abs. 3 GG, Osnabrück 2022.

Baumert, Britta / Teschmer, Caroline, Konfessionell kooperativer Religionsunterricht, Stuttgart 2024.

Benatar, Alexander, Religionsunterricht in Deutschland. Eine Bestandsaufnahme, in: Zeitschrift für Religions- und Weltanschauungsfragen, 2020, S. 277–286.

Bernhard, Reinhold / von Stosch, Klaus (Hrsg.), Komparative Theologie. Interreligiöse Vergleiche als Weg der Religionstheologie, Zürich 2009.

Boschki, Reinhold / Schweitzer, Friedrich, Religion unterrichten in Baden-Württemberg, in: Rothgangel, Martin / Schröder, Bernd (Hrsg.), Religionsunterricht in den Ländern der Bundesrepublik Deutschland, Leipzig 2020.

von Campenhausen, Axel / de Wall, Heinrich, Religionsverfassungsrecht, München 2022.

Classen, Claus D., Religionsrecht, Tübingen 2021.

Clooney, Francis X. / von Stosch, Klaus (Hrsg.), How to do Comparative Theology, New York City 2018.

Danilovich, Yauheniya, Unsichtbare Präsenz: Erfahrungen mit orthodoxem Religionsunterricht in Deutschland, in: Willems, Joachim (Hrsg.), Religion in der Schule – Pädagogische Praxis zwischen Diskriminierung und Anerkennung, Bielefeld 2020.

de Wall, Heinrich, Religionsunterricht für alle, KoKoRU, Islamischer Unterricht – neue Formen religionsübergreifenden und religionsneutralen Unterrichts, in: Domsgen, Michael / Witten, Ulrike (Hrsg.), Religionsunterricht im Plausibilisierungsstress, Bielefeld 2022.

Domsgen, Michael, Religionspädagogik, Leipzig 2019.
Domsgen, Michael / Witten, Ulrike, Religionsunterricht im Wandel. Ein Überblick über Entwicklungen in Deutschland, in: dies. (Hrsg.), Religionsunterricht im Plausibilisierungsstress, Bielefeld 2022.
Dressler, Bernhard, Religionsunterricht. Bildungstheoretische Grundlegungen, Leipzig 2018.
Dzambo, Patrik / Teschmer, Caroline / Waltemathe, Michael, Religion unterrichten in Nordrhein-Westfalen, in: Rothgangel, Martin / Schröder, Bernd (Hrsg.), Religionsunterricht in den Ländern der Bundesrepublik Deutschland, Leipzig 2020.
Eisenhardt, Saskia / Kürzinger, Kathrin S. / Naurath, Elisabeth / Pohl-Patalong, Uta (Hrsg.), Religion unterrichten in Vielfalt. Konfessionell – religiös – weltanschaulich, Göttingen 2019.
Fermor, Gotthard / Knauth, Thorsten / Möller, Rainer / Obermann, Andreas (Hrsg.), Dialog und Transformation. Pluralistische Religionspädagogik im Diskurs, Münster 2022.
Fischer, Wolfram, Der Volksschullehrer: Zur Sozialgeschichte eines Berufsstandes, SozW, 1961, S. 37–47.
Gaertner, Joachim / Hatzinger, Katrin, Verbindungsstellen zwischen Staat und evangelischen Kirchen, in: Dietrich, Pirson / Rüfner, Wolfgang / Germann, Michael / Muckel, Stefan (Hrsg.), HStKR II, Berlin 2020.
Gennerich, Carsten / Zimmermann, Mirijam, Abmeldung vom Religionsunterricht, Leipzig 2016.
Germann, Michael, Das System des Staatskirchenrechts in Deutschland, in: Dietrich, Pirson / Rüfner, Wolfgang / Germann, Michael / Muckel, Stefan (Hrsg.), HStKR I, Berlin 2020.
Grau, Alexander / Raabe, Gerson (Hrsg.), Religion – Facetten eines umstrittenen Begriffs, Leipzig 2014.
Grethlein, Christian, Praktische Theologie, Berlin 2016.
Günzel, Angelika, Art. 149 WRV und Art. 7 Abs. 3 GG: Alles beim Alten aus jüdischer Sicht? in: Kubik, Andreas / Klinger, Susanne / Saglam, Coskun (Hrsg.), Neuvermessung des Religionsunterrichtes nach Art. 7 Abs. 3 GG, Osnabrück 2022.
Härle, Wilfried, Religionsunterricht unter pluralistischen Bedingungen, Leipzig 2019.

Häusler, Ulrike, Religion unterrichten in Berlin, in: Rothgangel, Martin / Schröder, Bernd (Hrsg.), Religionsunterricht in den Ländern der Bundesrepublik Deutschland, Leipzig 2020.

Heckel, Martin, Neue Formen des Religionsunterrichts? in: Grote, Rainer / Härtel, Ines / Hain, Karl-Eberhard / Schmidt, Thorsten I. / Schmitz, Thomas / Schuppert, Gunnar F. / Winterhoff, Christian, Die Ordnung der Freiheit. Festschrift für Christian Starck zum 70. Geburtstag, Tübingen 2007, S. 1093–1127.

Heimbrock, Hans-Günter, Religionsunterricht im Kontext Europa. Einführung in die kontextuelle Religionsdidaktik in Deutschland, Stuttgart 2004.

Herdegen, Matthias, in: Düring, Günter / Herzog, Roman / Scholz, Rupert, GG, Art. 1, München 2023.

Huber, Ernst R., Deutsche Verfassungsgeschichte seit 1789 VI, Stuttgart 1981.

Jestaedt, Matthias, Phänomen Bundesverfassungsgericht. Was das Gericht zu dem macht, was es ist, in: ders. / Lepsius, Oliver / Möllers, Christoph / Schönberger, Christoph, Das entgrenzte Gericht. Eine kritische Bilanz nach sechzig Jahren, Berlin 2019.

Käbisch, David / Koerrenz, Ralf / Kumlehn, Martina / Schlag, Thomas / Schweitzer, Friedrich / Simojoki, Henrik, Gerade jetzt! – 10 Thesen, warum der Religionsunterricht in der Corona-Zeit unverzichtbar ist, in: ZPT, 2020, S. 395–399.

Kemnitz, Heidemarie, Forschung zur Geschichte und Entwicklung des Lehrerberufs vom 18. Jahrhundert bis zur Gegenwart, in: Terhart, Ewald / Bennewitz, Hedda / Rothland, Martin (Hrsg.), Handbuch der Forschung zum Lehrerberuf, Münster 2014.

Kemnitzer, Konstanze / Roser, Matthias, Zivilreligionsunterricht – letzte Ausfahrt für einen Religionsunterricht der Zukunft? in: dies. (Hrsg.), „All together now!?". Ein Schreibgespräch zum Religionsunterricht in Hamburg (RUfa 2.0), EZW-Texte, Berlin 2021.

Kenngott, Eva-Maria, Religion unterrichten in Bremen, in: Rothgangel, Martin / Schröder, Bernd (Hrsg.), Religionsunterricht in den Ländern der Bundesrepublik Deutschland, Leipzig 2020.

dies., Interreligiöser Religionsunterricht in Bremen, in: Kubik, Andreas / Klinger, Susanne / Saglam, Coskun (Hrsg.), Neuvermessung des Religionsunterrichtes nach Art. 7 Abs. 3 GG, Osnabrück 2022.

Khalfaoui, Mouez / Ehret, Jean (Hrsg.), Islamische Theologie in Deutschland. Ein Modell für Europa und die Welt, Freiburg 2021.

Khorchide, Mouhanad, Die islamische Theologie an Universitäten und der islamische Religionsunterricht an öffentlichen Schulen. Konzepte und deren Implikation für gesellschaftliche Fragen, in: Nacke, Stefan / Optendrenk, Marcus / Söding, Thomas (Hrsg.), Die Gottesfrage in der Universität, Freiburg 2021.

Kiroudi, Marina, Orthodoxer Religionsunterricht in Deutschland. Geschichte. Rahmenbedingungen. Perspektiven, Paderborn 2021.

Klapeck, Elisa, Vorweg. Deutschland braucht jüdischen Religionsunterricht, in: ders. / Landthaler, Bruno / Rappaport, Rosa (Hrsg.), Deutschland braucht jüdischen Religionsunterricht, Leipzig 2019.

Klapheck, Elisa / Landthaler, Bruno / Rappoport, Rosa (Hrsg.), Deutschland braucht jüdischen Religionsunterricht, Leipzig 2019.

Knoke, Thomas, Die Kultusministerkonferenz und die Ministerpräsidentenkonferenz, Dipperz 1966.

Körs, Anna (Hrsg.), Islamischer Religionsunterricht in Deutschland. Ein Kaleidoskop empirischer Forschung, Heidelberg 2023.

Kreß, Harmut, Staat und Person. Politische Ethik im Umbruch des modernen Staates, Stuttgart 2018.

ders., Konfessioneller Religionsunterricht oder pluralismusadäquater Ethikunterricht? in: ZRP, 2019, S. 22–24.

ders., Religionsunterricht oder Ethikunterricht? Baden-Baden 2022.

Kubik, Andreas, Die implizierte Religionspädagogik von Schleiermachers Reden „Über die Religion", in: von Scheliha, Arnulf / Dierken, Jörg (Hrsg.), Der Mensch und seine Seele. Bildung – Frömmigkeit – Ästhetik, Berlin 2017.

ders., Kulturstaat oder Religionsfreiheit, in: ZThK 2020, S. 46–57.

Kumlehn, Martina, Religion unterrichten in Mecklenburg-Vorpommern, in: Rothgangel, Martin / Schröder, Bernd (Hrsg.), Religionsunterricht in den Ländern der Bundesrepublik Deutschland, Leipzig 2020.

Kuyk, Elza / Jensen, Roger / Lankshear, David W. / Manna, Elisabeth L. / Schreiner, Peter (Hrsg.), Religious Education in Europe. Situation and Current Trends in Schools, Oslo 2007.

Lachmann, Rainer, Geschichte der Religionspädagogik bis Anfang des 20. Jahrhunderts – didaktische Schlaglichter, in: Rothgangel, Martin / Adam, Gottfried / ders. (Hrsg.), Religionspädagogisches Kompendium, Göttingen 2013.

Landé, Walter, in: Nipperdey, Hans C., Die Grundrechte und Grundpflichten der Reichsverfassung, Kommentar WRV III, Berlin 1930, Art. 143–149.

ders., Die staatsrechtlichen Grundlagen des deutschen Unterrichtswesens, in: Anschütz, Gerhard / Thoma, Richard (Hrsg.), Handbuch des Deutschen Staatsrechts II, Tübingen 1932.

Landthaler, Bruno, Jüdischer Religionsunterricht und säkulare Gesellschaft, in: Klapeck, Elisa / ders. / Rappaport, Rosa (Hrsg.), Deutschland braucht jüdischen Religionsunterricht, Leipzig 2019.

Lenz, Petra, Religionskunde (und Religion) unterrichten in Brandenburg, in: Rothgangel, Martin / Schröder, Bernd (Hrsg.), Religionsunterricht in den Ländern der Bundesrepublik Deutschland, Leipzig 2020.

Leonhardt, Rochus / von Scheliha, Arnulf (Hrsg.), Hier stehe ich, ich kann nicht anders! Zu Martin Luthers Staatsverständnis, Baden-Baden 2015.

Lindner, Konstantin / Simojoki, Henrik, Religion unterrichten in Bayern, in: Rothgangel, Martin / Schröder, Bernd (Hrsg.), Religionsunterricht in den Ländern der Bundesrepublik Deutschland, Leipzig 2020.

Link, Christoph, Religionsunterricht, in: Listl, Joseph / Pirson, Dietrich, Handbuch des Staatskirchenrechts II, Berlin 1995.

ders., Konfessioneller Religionsunterricht in einer gewandelten sozialen Wirklichkeit? Zur Verfassungskonformität des Hamburger Religionsunterrichts „für alle", in: ZevKR, 2001, S. 257–285.

ders., Rechtsgutachten über die Vereinbarkeit des Hamburger Modells eines „Religionsunterrichts für alle in evangelischer Verantwortung" mit Artikel 7 Abs. 3 GG, in: Weiße, Wolfram (Hrsg.), Wahrheit und Dialog, Münster 2002.

ders., Kirchliche Rechtsgeschichte, München 2017.

Lütze, Frank M. / Scheidler, Monika, Religion unterrichten in Sachsen, in: Rothgangel, Martin / Schröder, Bernd (Hrsg.), Religionsunterricht in den Ländern der Bundesrepublik Deutschland, Leipzig 2020.

Meckel, Thomas, Die Zukunft des konfessionellen Religionsunterrichts, in: Ohly, Christoph / Rees, Wilhelm / Gerosa, Libero, Theologia Iuris Canonici. Festschrift für Ludger Müller zur Vollendung des 65. Lebensjahr, Berlin 2017, S. 825–849.

Muckel, Stefan, Das deutsche Staatskirchenrecht als Rahmen für den Auftrag der Kirchen im freiheitlichen Verfassungsstaat in: Kämper, Burkhard / Pfeffer, Klaus (Hrsg.), Essener Gespräche zum Thema Staat und Kirche, Münster 2015.

Mückl, Stefan, Religionsunterricht bikonfessionell, ökumenisch, multireligiös, ZevKR 2019, S. 235–246.

Munsonius, Hendrik, Religionsunterricht nach Art. 7 Abs. 3 GG – historisch bewährt, aber überlebt? in: Kubik, Andreas / Klinger, Susanne / Saglam, Coskun (Hrsg.), Neuvermessung des Religionsunterrichtes nach Art. 7 Abs. 3 GG, Osnabrück 2022.

Noack, Renate, Buddhistischer Religionsunterricht und Ethikunterricht an Berliner Schulen, in: Roloff, Carola / Knauth, Thorsten (Hrsg.), Buddhistischer Religionsunterricht. Bestandsaufnahmen und Perspektiven, Münster 2023.

Oebbecke, Janbernd, Reichweite und Voraussetzungen der grundgesetzlichen Garantie des Religionsunterrichts, DVBl. 1996, S. 336–344.

ders., Art. 7 Abs. 3 GG und die Weiterentwicklung des Religionsunterrichts, in: Kubik, Andreas / Klinger, Susanne / Saglam, Coskun (Hrsg.), Neuvermessung des Religionsunterrichts nach Art. 7 Abs. 3 GG, Osnabrück 2022.

Ogorek, Markus, Religionsunterricht, in: Dietrich, Pirson / Rüfner, Wolfgang / Germann, Michael / Muckel, Stefan (Hrsg.), HStKR II, Berlin 2020.

Pemsel-Maier, Sabine, Konfessionell-kooperativer Unterricht. Einblicke in die Situation in Niedersachsen und Baden-Württemberg, in: Link-Wieczorek, Ulrike / Richebächer, Wilhelm / Waßmuth, Olaf (Hrsg.), Die Zukunft der theologischen Ausbildung ist ökumenisch, Leipzig 2022.

Pfahls, Ludwig-Holger, Staat, Kirche und Volksschule in Bayern, Freiburg 1972.

Platow, Birte, Religionspädagogik, Stuttgart 2020.

Pollack, Detlef, Die Zukunft der Religion in modernen Gesellschaften, in: Dürnberger, Martin (Hrsg), Wie geht es weiter? Zur Zukunft der Wissensgesellschaft, Innsbruck/Wien 2023

Reimer, Franz, Homeschooling, Baden-Baden 2012.

Richter, Martin, § 20 Schulische Bildung, in: Anke, Hans U. / de Wall, Heinrich / Heinig, Hans M. (Hrsg.), Handbuch des evangelischen Kirchenrechts, Tübingen 2016.

Robbers, Gerhard, Art. 7, in: von Mangoldt, Hermann / Klein, Friedrich / Starck, Christian, GG-Kommentar, München 2018.

Roessler, Dietrich, Grundriss der Praktischen Theologie, Berlin 1986.

Roloff, Carola, Knauth, Thorsten (Hrsg.), Buddhistischer Religionsunterricht. Bestandsaufnahmen und Perspektiven, Münster 2023.

Roser, Matthias, Mennonitischer Religionsunterricht in Nordrhein-Westfalen, in: ZRW, Materialdienst der EZW, 83. Jg. (2020), Heft 2, S. 114–123.

Rothgangel, Martin, Religiöse Kompetenzen und Bildungsstandards Religion, in: ders. / Adam, Gottfried / Lachmann, Rainer (Hrsg.), Religionspädagogisches Kompendium, Göttingen 2013.

Rothgangel, Martin / Schröder, Bernd (Hrsg.), Religionsunterricht in den Ländern der Bundesrepublik Deutschland, Leipzig 2020.

Saglam, Coskun, Einführung in den islamischen Religionsunterricht und aktuelle Herausforderungen, in: Kubik, Andreas / Klinger, Susanne / Saglam, Coskun (Hrsg.), Neuvermessung des Religionsunterrichtes nach Art. 7 Abs. 3 GG, Osnabrück 2022.

Sajak, Clauß P., Interreligiöses Lernen, Darmstadt 2018.

ders., Ein Kommentar zum RUfa 2.0 aus katholischer Perspektive, in: *Kemnitzer, Konstanze / Roser, Matthias* (Hrsg.), „All together now!?". Ein Schreibgespräch zum Religionsunterricht in Hamburg (RUfa 2.0), EZW-Texte, Berlin 2021.

Schleiermacher, Friedrich, Über die Religion. Reden an die Gebildeten unter ihren Verächtern, Stuttgart 1799.

Schmidt-Leukel, Perry, Wahrheit in Vielfalt. Vom religiösen Pluralismus zur interreligiösen Theologie, Gütersloh 2019.

Schmitt, Carl, Verfassungslehre, Berlin 1928.

Schröder, Bernd, Konfessionalität des Religionsunterrichts, in: ders. (Hrsg.), Religionsunterricht – wohin? Modelle seiner Organisation und didaktischen Struktur, Neukirchen-Vluyn 2014.

ders., Kooperation von Staat und Kirchen bzw. Religionsgemeinschaften im Religionsunterricht – eine religionspädagogische Perspektive, ZevKR 2019, S. 257–281.

ders., Religion unterrichten in Niedersachsen, in: Rothgangel, Martin / Schröder, Bernd (Hrsg.), Religionsunterricht in den Ländern der Bundesrepublik Deutschland, Leipzig 2020.

ders., Religionspädagogik, Tübingen 2021.

ders., Welche Formen von Religionsunterricht existieren neben dem konfessionellen Religionsunterricht – offiziell und im Graubereich? in: Kubik, Andreas / Klinger, Susanne / Saglam, Coskun (Hrsg.), Neuvermessung des Religionsunterrichtes nach Art. 7 Abs. 3 GG, Osnabrück 2022.

Schröder, Bernd / Emmelmann, Moritz (Hrsg.), Religions- und Ethikunterricht zwischen Konkurrenz und Kooperation, Münster 2018.

Schröder, Bernd / Woppowa, Jan (Hrsg.), Theologie für den konfessionell-kooperativen Religionsunterricht. Ein Handbuch, Tübingen 2021.

Schweitzer, Friedrich, Religiöse Bildung als Aufgabe der Schule, in: Rothgangel, Martin / Adam, Gottfried / Lachmann, Rainer (Hrsg.), Religionspädagogisches Kompendium, Göttingen 2013.

Starck, Christian, Art. 1, in: von Mangoldt, Hermann / Klein, Friedrich / ders., GG-Kommentar, München 2018.

Stein, Ekkehart, Das Recht des Kindes auf Selbstentfaltung in der Schule, Berlin 1967.

Troeltsch, Ernst, Der Religionsunterricht und die Trennung von Staat und Kirchen (von 1919), in: ders., Kritische Gesamtausgabe/Band 15 Schriften zur Politik und Kulturphilosophie (1918–1923) XV, Berlin 2002.

ders., Die Trennung von Staat und Kirche, der staatliche Religionsunterricht und die theologischen Fakultäten (von 1907), in: ders., Kritische Gesamtausgabe/Band 6: Schriften zur Religionswissenschaft und Ethik (1903–1912), Berlin 2014.

Ucar, Bülent (Hrsg.), Islamischer Religionsunterricht in Deutschland, Osnabrück 2010.

Uhle, Arnd, Art. 74, in: Düring, Günter / Herzog, Roman / Scholz, Rupert, GG, München 2023.

Unruh, Peter, Religionsverfassungsrecht, Baden-Baden 2018.

von Scheliha, Arnulf, Toleranz als Botschaft des Christentums? in: Enders, Christoph / Kahlo, Michael (Hrsg.), Toleranz als Ordnungsprinzip? Die moderne Bürgergesellschaft zwischen Offenheit und Selbstaufgabe, Münster 2007.

ders., Protestantische Ethik des Politischen, Tübingen 2013.

ders., Religion als Kultur oder kultivierte Religion. Der Religionsbegriff und seine Grenzen mit Blick auf Judentum, Islam und

Christentum, in: Grau, Alexander / Raabe, Gerson (Hrsg.), Religion. Facetten eines umstrittenen Begriffs, Leipzig 2014.
ders., Religionspolitik. Beiträge zur politischen Ethik und zur politischen Dimension des religiösen Pluralismus, Tübingen 2018.
ders., Zwischen Leitkultur und Laizismus. Zur religionspolitischen Willensbildung der Parteien in Deutschland, in: *Gerster, Daniel / van Melis, Viola / Willems, Ulrich* (Hrsg.), Religionspolitik heute. Problemfelder und Perspektiven in Deutschland, 2018.
Wißmann, Hinnerk, Das allgemeine Schulwesen: Projekt der Moderne – Programm der Freiheit? Zur rechtshistorischen Entwicklung unter besonderer Berücksichtigung von Schulpflicht und Privatunterricht, in: Reimer, Franz (Hrsg.), Homeschooling, Baden-Baden 2012.
ders., Religionsverfassungsrecht im föderalen Mehrebenensystem, in: Härtel, Ines (Hrsg.), Handbuch des Föderalismus III, Heidelberg 2012.
ders., Schule und Religion: Entwicklungsphasen des Religionsverfassungsrechts, Ad Legendum, 2015, S. 1–7.
ders., Art. 7, in: Kahl, Wolfgang / Waldhoff, Christian / Walter, Christian (Hrsg.), BK GG, (2015).
ders., Teilnahme am Religionsunterricht – Zugangsvoraussetzung in staatlichen in Schulen? ZevKR, 2018, S. 209–224.
ders., Religionsunterricht für alle? Tübingen 2019.
ders., Schulrecht, in: Oberreuter, Heinrich (Hrsg.), Staatslexikon V, Freiburg 2021.
Wittekind, Folkart, Welche Religionsgemeinschaften sollen Körperschaften öffentlichen Rechts sein? Die Entstehung des modernen deutschen Staatskirchenrechts in den Verhandlungen über die Weimarer Reichsverfassung, in: Brakelmann, Günter / Friedrich, Norbert / Jähnichen, Traugott (Hrsg.), Auf dem Weg zum Grundgesetz. Beiträge zum Verfassungsverständnis des neuzeitlichen Protestantismus, Münster 1999.